GW00691588

Tendances

social and cultural trends in modern France

Mark Stroud

Hodder & Stoughton

A MEMBER OF THE HODDER HEADLINE GROUP

Order queries: please contact Bookpoint Ltd, 130 Milton Park,
Abingdon, Oxon OX14 4SB. Telephone: (44) 01235 827720, Fax:
(44) 01235 400454. Lines are open from 9.00–6.00, Monday to
Saturday, with a 24 hour message answering service. Email address:
orders@bookpoint.co.uk

British Library Cataloguing in Publication Data
A catalogue record for this title is available from The British Library

ISBN 0 340 71190 6

First published 1998
Impression number   10   9   8   7   6   5   4
Year   2003   2002   2001

Copyright © 1998 Mark Stroud

All rights reserved. No part of this publication may be reproduced or
transmitted in any form or by any means, electronic or mechanical,
including photocopy, recording, or any information storage and
retrieval system, without permission in writing from the publisher or
under licence from the Copyright Licensing Agency Limited. Further
details of such licences (for reprographic reproduction) may be
obtained from the Copyright Licensing Agency Limited, of 90
Tottenham Court Road, London W1P 9HE.

Typeset by Wearset, Boldon, Tyne and Wear.
Printed in Great Britain for Hodder & Stoughton Educational, a
division of Hodder Headline Plc, 338 Euston Road, London
NW1 3BH by J. W. Arrowsmith Ltd., Bristol.

SOMMAIRE

DOSSIER 12 NOUVELLES ORIENTATIONS   111

Acknowledgements

The author and publisher would like to thank the following for their kind permission to reproduce copyright articles: *Le Figaro* for 'La dictature des grandes surfaces', Gérard Nirascou, 7 mars 1996, 'Océanopolis: la mer à coeur ouvert', 30 novembre 1995, 'La lutte contre illettrisme', Muriel Frat, 17/18 février 1996, 'Un dispositif pour les sans-abri', Françoise Varenne, 14/15 octobre 1995, 'Colette Codaccioni: «il faut continuer à se battre»', Jean-Jaques Mével, 7 septembre 1995, 'Véronique Lopez: son auto c'est son deuxième bureau!', Janie Samet, 10 avril 1996, 'Elle ne perd pas les pédales', Catherine Saint-Jean, 10 avril 1996; *Le Figaro économie* for 'Hervé Houdré: un nouveau souffle pour le Plaza Athénée', 5 septembre 1995, '«Déclic», un magazine pour les handicapés', Guillaume Foucault, 24 octobre 1995, 'Claude Clévenot: révolutionner le monde de l'étiquette', Joël Thierry, 20 octobre 1995, 'L'«Express» à l'heure de l'ordinateur', Jean-Louis Peytavin, 26 septembre 1995; *Libération* for 'Vers un tourisme à la carte', Brigitte Estrade, 22 mars 1996, 'Combattre la violence à la télévision', Sylvie Briet, 13/14 avril 1996, 'La prolifération des grandes surfaces', Jacqueline Coignard, 27 octobre 1995, 'Bus et métro fatiguent les femmes', Catherine Coroller, 6 mars 1996, 'Conso. L'achat à distance marie le jeune cadre sup à la femme généreuse', Marie-Joëlle Gros, 6 mars 1995, 'Frognet, du tricolore sur l'Internet', Frédéric Filloux, 30 juin 1995, 'La qualité et la gestion de l'eau', Hélène Crié, 7 février 1996; *Ouest-France* for 'Chocolatier: Joël joue avec le thym et la lavande', Joël Crusson, 15–17 avril 1995, 'Christiane remercie 1 000 relais', 20 avril 1995, 'Vincent Ravalec écrit «canaille»', Emmanuelle Métivier, 13 avril 1995, 'Responsable de production: Erwan planifie', Joël Crusson, 20 octobre 1996, 'L'ingénieur bio et ses 4 000 pommiers', Yvon Lechevestrier, 19/20 octobre 1996; *Le Parisien-Aujourd'hui* for 'La France va devoir se vendre, Joëlle Frasnatti, 25 juillet 1995, 'On ne sait pas si on tiendra jusqu'à la retraite', Régis De Closets, 25 octobre 1995, *Le Nouvel Observateur* for 'La grève des salariés du secteur privé', Thierry Philippon, 14–20 décembre, 'Les trois objectifs de Strasbourg', Marie Brassart-Goerg, 11–17 janvier 1996; *Le Nouvel Economiste* for 'Le temps du travail dans la grande distribution', Dominique Michel, 29 mars 1996; *Enjeux-Les Echos* for 'Il y a une vie en dehors du travail', Claire Guélaud, septembre 1996; *Le Point* for 'Le phénomè «bio»', Stéphanie Chayet, 3 juin 1995, 'Le jeu est devenu un phénomène de masse', Marc Traverson, 7 janvier 1995, 'Un rapport volumineux sur l'adoption', Sophie Coignard, 11 février 1995, 'Les Français aiment les pharmaciens', Anne Jeanblanc, 28 janvier 1995; Béatrice Peyrani for 'Alexandrine Reille: négociante à succés', 25 janvier 1996.

The author and publisher would also like to thank the following for permission to use illustrative material: *KIPA* for the photo of Elisabeth Vitali (p. 26); Stefan Zaubitzer for 'Bus et métro fatiguent les femmes' (p. 77); *Libération* for 'Les modes de transport selon le sexe' (p. 78), 'L'avenir de l'achat à distance' (p. 87), 'Froggie Net' (p. 97), *Le Figaro* for photos of Véronique Lopez (p. 96) and Carole Caufman-Thual (p. 106).

Every effort has been made to obtain necessary permission with reference to copyright material. The publishers apologise if inadvertently any sources remain unacknowledged and will be glad to make the necessary arrangements at the earliest opportunity.

Introduction

Aims and Objectives

Tendances is built on the student-centred exploitation of newspaper and magazine articles reflecting French people's views on the everyday topics which concern them. This approach allows students to take the initiative in the conduct and presentation of the interviews, portraits and surveys which form the basis of the interviewing exercises. The articles which students then prepare and write up are similarly designed to promote free expression. The systematic, structured layout, closely tailored to student needs, fully corresponds to the demands of the topic-based modules of French studies today.

The texts and exploitation exercises are suitable for A level students as well as for students entering higher education, and offer sufficent material for a two or three-year programme. This course will fully meet the needs of the increasing number of students whose aim is to attain proficiency in the language so that they can readily communicate with their counterparts in France, and indeed with the population as a whole.

Layout

The layout is designed for use within modular or topic-based schemes. There is a gradual progression in level in the 12 dossiers, both in the linguistic demands of the texts and in the degree of complexity of the content. The difference in level between Dossiers 1–6 and 7–12 is more particularly pronounced, while Dossier 12 is constructed so as to afford the opportunity to review the issues raised in Dossiers 1–11 in a wider context.

The self-contained dossiers can be selected to suit course requirements, while the complete range of exercises allows for all the basic skills to be practised and tested. With the exception of Section E, the exploitation in each section is organised on a 'rolling structure', in which the information and views gathered in one exercise form the basis of the following one.

Student progress can be consistently monitored, both as continuous assessment and by a major assignment at the end of each dossier. While Section E, **Thème**, is by definition a controlled translation, Section F, **Enquête**, is a completely open-ended exercise involving a range of oral and written activities which form an extended assignment to be written up as a magazine article in French.

Structure of Dossiers

Each dossier contains the following six sections.

A OPINIONS

Mini-interviews with two French students who are asked to give their opinions on selected aspects of the main topic.
The exercises comprise:
– a group discussion of the issues raised;
– an oral presentation of one aspect of this topic.

B INTERVIEW

Interviews with French people from a wide variety of backgrounds offering informed, first-hand views on a given issue.
The exercises comprise:
– comprehension questions in French;
– an oral presentation of the issues raised;
– an interview with an acquaintance on this topic;
– a newspaper article on this topic, to be written in French.

C LES GENS

Articles describing the lives and activities of French people, again drawn from a wide variety of backgrounds.
The exercises comprise:
– an oral portrait of this person, based on a suggested outline;
– an interview with this person;
– a newspaper article on this interview, to be written in English.

D REPORTAGE

In-depth reports on some aspect of the topic under discussion, often based on public opinion surveys.

The exercises comprise:

- group discussion of topics drawn from the text;
- an interview with a representative of the 'official' view;
- an interview with a person on the 'other side';
- a newspaper article on some aspect, to be written in English.

NB TEXTUAL SUPPORT

Explanatory notes and full vocabulary lists are provided for each text.

E THEME

A text of approximately 200 words on some aspect of the main topic for translation into French, presented in the form of a report, interview, portrait or address. Each text is preceded by a list of twenty key words in French, to be checked carefully beforehand, for use in the translation.

NB MODEL TRANSLATIONS

A leaflet containing model translations is supplied with the cassette recording of the **Opinions** and **Interviews** in Sections A and B.

F ENQUETE

A list of 10 associated topics for group debate, accompanied by guidelines for the preparation and conduct of an interview or a survey of public opinion.

The exercises comprise:

- the preparation of questions and/or a questionnaire;
- conducting the interview or survey;
- an oral presentation on the scope of the interview (before) or on the findings of the survey (after);
- a longer magazine article writing up the interview or survey in French.

NB TIMING AND LENGTH

Approximate indications of timing for all oral exercises and of length for written exercises are given for each activity.

Expression of thanks

The author wishes to express his sincere thanks to Laurent Duchâtel and Isabelle Furt who provided the student views in the opening sections, and particularly to Marie-Christine Davies who read the entire manuscript and made many invaluable suggestions on usage and on the preparation of the exercises. The author also wishes to express his thanks to Marie Jones at Hodder & Stoughton Educational for all her editorial support. Any errors or inaccuracies remain the responsibility of the author.

A cassette recording of all the **Interviews** in Sections A and B is available separately (ISBN 0340 72084 0). Model translations for Section E: **Thème** are supplied with the accompanying cassette.

Habitudes alimentaires

1A

o p i n i o n s

Manger vite ou manger bien?

Laurent, comment les habitudes alimentaires des jeunes Français sont-elles en train de se modifier?

Ce qui a le plus changé les habitudes alimentaires des jeunes ces dernières années, c'est sans aucun doute l'explosion des fast-food. Au début, c'était nouveau, alors tout le monde, et plus particulièrement les jeunes s'y ruaient. De plus, comme toute restauration rapide, dans cette période où il est plus important de manger vite que de manger bien pour certaines personnes, les fast-food avaient une clientèle toute ciblée.

Mais je crois qu'il y a désormais une stagnation, parce que les jeunes de 15–20 ans ont des habitudes alimentaires différentes des jeunes de 20–30 ans. Et si les premiers se délectent de hamburgers gorgés de ketchup et de pâle imitation de fromage, les seconds, au contraire, retournent quasi-systématiquement après cette période d'égarement à une nourriture plus traditonnelle, plus saine et plus équilibrée. Et ça, c'est rassurant, je trouve!

Mais il n'en demeure pas moins vrai que les fast-food sont toujours bien présents et que même à la maison, l'«express-bouffe» est de rigueur. Il n'y a qu'à voir ce que mange la majorité des étudiants chez eux: riz, pâtes, bifteck haché, et c'est tout. C'est effarant, et je me demande comment certains d'entre eux font. Alors que très honnêtement, faire de la bonne cuisine, ça ne prend pas si longtemps. Il suffit d'avoir de bons ingrédients et un peu de volonté.

Isabelle, as-tu les mêmes habitudes culinaires que ta mère?
En ce qui concerne les habitudes culinaires, ma mère et moi avons quelque chose en commun; nous aimons manger de bonnes choses, mais nous n'aimons pas cuisiner! De plus, notre mode de vie – je suis

étudiante et ma mère travaille à plein temps – ne nous permet pas de passer des heures dans la cuisine à mijoter de bons petits plats . . .

Ma mère achète assez souvent des plats tout préparés, frais ou surgelés, chez le boucher du quartier ou au supermarché. Quand elle rentre du travail et qu'elle n'a vraiment pas le courage de cuisiner, elle nous emmène parfois manger à la pizzeria du quartier. Par contre, quand ma mère reçoit des amis à la maison, elle met les petits plats dans les grands: boeuf bourguignon, couscous, poulet aux avocats. . .

Quant à moi, ayant des revenus moins importants que ceux de ma mère, je ne peux pas me permettre d'acheter des plats tout prêts ou d'aller au restaurant; alors, je prépare des plats tout simples: pâtes ou riz à la sauce tomate, omelette, légumes cuits à la vapeur, par exemple. Ma grand-mère qui, elle, est un vrai «cordon bleu», s'inquiète un peu de mon alimentation. Elle représente l'exemple-type de l'ancienne génération; femme au foyer durant toute sa vie, elle a pu et su développer son don pour la bonne cuisine. Mais les temps changent!

Notes explicatives

la bouffe   popular term for food or eating
le boeuf bourguignon   beef stew cooked in red wine
le couscous   fine grains of semolina steamed and served with meat or vegetables
le poulet aux avocats   chicken served with avocado pears
la femme au foyer   housewife who is not in paid employment

Opinions partagées

En petits groupes, discutez vos opinions sur les thèmes suivants. (10 minutes)

- l'explosion des fast-food
- le regain d'une nourriture plus traditionnelle
- les habitudes alimentaires des jeunes
- les habitudes culinaires de l'ancienne génération
- l'influence décisive du mode de vie
- les avantages des plats cuisinés

Présentation

En vous aidant de ces discussions, faites un exposé oral sur la tendance actuelle qui vous attire le plus. (5 minutes)

Lexique

les habitudes alimentaires (fpl)	eating habits
se modifier	to change, alter
une explosion	explosion, boom
au début	at first, initially
se ruer	to rush (at sth)
de plus	furthermore, what's more
cibler	to target (clientele)
désormais	from now on, henceforth
se délecter de	to enjoy (sth) thoroughly
gorgé,e de	saturated with
un égarement	distraction, madness
sain,e	healthy (food)
équilibré,e	balanced (diet)
il n'en demeure pas moins vrai que	it nonetheless remains true that
être de rigueur	to be obligatory, to be the order of the day
le riz	rice
les pâtes (fpl)	pasta
un bifteck haché	hamburger
effarant,e	astounding
il suffit de	all you have to do is
la volonté	will(-power)
les habitudes culinaires	cooking habits
un mode de vie	lifestyle
travailler à plein temps	to work full-time
mijoter	to prepare (a dish)
frais, fraîche	fresh
surgelé,e	deep frozen
le boucher du quartier	the local butcher
emmener	to take (sb somewhere)
recevoir des amis	to have friends to dinner
mettre les petits plats dans les grands	to put on a first-rate meal
quant à	as for
des revenus (mpl)	income
cuit,e à la vapeur	steam cooked, steamed
un cordon-bleu	first-class cook
s'inquiéter de	to worry about
une alimentation	diet, food
un don	gift, talent

1B
i n t e r v i e w

Le changement alimentaire des Français

Vous allez entendre une interview de Claude Fischler, chercheur au Centre national de la recherche scientifique (CNRS), sur le changement des habitudes culinaires françaises.

Compréhension

Répondez en français aux questions suivantes.

1 De quelle façon l'alimentation des Français a-t-elle changé? Citez deux exemples.

2 Comment Claude Fischler explique-t-il ces deux changements?

3 Quelles ont été les conséquences de ces changements?

4 A quel problème les grandes surfaces se trouvent-elles confrontées?

5 Comment le fromage vendu dans les grandes surfaces a-t-il été transformé? Quels en ont été les résultats?

6 Pour quelles raisons la cuisine française est-elle devenue facile et rapide à faire?

7 Quelles réactions resultent de la «mode minceur»? Citez deux exemples.

8 A quels excès Claude Fischler fait-il référence? Citez trois exemples.

9 Pourra-t-on revenir à une cuisine traditionnelle? Expliquez.

10 Comment Claude Fischler définit-il la tendance alimentaire anglo-saxonne? Les Français seraient-ils prêts à la suivre?

Note explicative

Curnonsky, Escoffier   19th century master chefs

Lexique

alimentaire (adj)	dietary
une alimentation	diet, food
essentiellement	mainly, principally
cesser de	to stop (doing sth)
un apport calorique	caloric intake
un tiers	third
la grande distribution	volume retailing
alors que	whilst, whereas
une baisse importante	a large fall, drop
un aliment	food
pas forcément	not necessarily
les grandes surfaces	super- and hypermarkets
la rentabilité	profitability
accroître une marge	to increase a profit margin
actuellement	currently, presently
plâtreux,-euse	chalky (cheese)
céder le pas à	to give way to
moulé,e à la louche	hand-moulded (cheese)
au lait cru	made with unpasteurised milk
un vecteur	vehicle (for culture, information)
un motif	reason, ground
lié,e à	linked, connected to
la minceur	slimness, slenderness
une exigence	demand, requirement
actuel,-elle	current, present
un avenir	future
subsister	to remain, survive
s'acheminer vers	to move, head towards
concevoir (pp **conçu**)	to conceive, design
uniquement	only, exclusively
quasi	almost

Le changement alimentaire des Français

Une interview de Claude Fischler, chercheur au Centre national de la recherche scientifique.

Qu'est-ce qui a changé dans l'alimentation des Français?
Deux choses essentiellement. D'abord, les Français ne cessent de manger moins. En un siècle, leur apport calorique s'est réduit d'un tiers, et il continue à diminuer. C'est la conséquence de la mécanisation, l'automatisation qui nécessite moins d'efforts physiques. Ensuite, les Français achètent les trois quarts de leur alimentation dans la grande distribution alors qu'au début des années 60, ils ne consommaient que des productions locales.

Quel effet a eu ce passage du local à la grande distribution?
Une baisse importante des prix obtenue par une standardisation exacerbée. Pour les aliments, cela s'est traduit par des productions de masse sans véritable goût, ni originalité.

Cette situation est-elle définitive?
Pas forcément. Comment se présente le problème pour les grandes surfaces? Il se pose en termes de rentabilité: comment gagner plus d'argent avec des gens qui consomment de moins en moins de produits alimentaires tandis que les prix sont déjà excessivement bas? La seule façon d'accroître les marges pour les grandes surfaces est de vendre des produits ayant un degré de transformation ou de sophistication encore plus élevé qu'actuellement, ou une valeur symbolique plus forte.

A quels produits alimentaires en particulier pensez-vous?
Un exemple, le camembert plâtreux, pasteurisé, sans goût des années 70 cède le pas à un fromage moulé à la louche, au lait cru. Vendu plus cher, il permet à la grande surface une marge plus importante, et le produit est meilleur.

La féminisation de l'emploi a-t-elle joué un rôle important dans le changement alimentaire des Français?
Elle a joué un rôle essentiel. N'étant plus à la maison, les femmes ont dû réaliser une cuisine différente, facile et rapide à faire. De plus, les femmes ont été les vecteurs d'une alimentation plus légère, et ce pour des motifs liés à «la mode minceur». C'est là qu'il faut chercher le boom des yaourts et des eaux minérales.

Va-t-on revenir à une cuisine plus traditionnelle?
Il y a eu les excès de la nouvelle cuisine, les excès des aliments *light*, il y a, surtout chez les jeunes, les excès des *fast-food*. Mais revenir à Curnonsky ou Escoffier me paraît impossible, c'est une cuisine qui ne correspond plus aux exigences actuelles.

Quel avenir, alors, pour l'alimentation française?
Les différences de culture subsisteront. Je ne crois pas que la France s'acheminera vers la tendance anglo-saxonne d'une alimentation conçue uniquement en termes diététiques et quasi-médicaux. Je suis persuadé que les Français resteront attachés à la qualité et au goût.

Propos recueillis par Gérard Nirascou,
Le Figaro, 7 mars 1996

Présentation

En fonction de vos réponses aux questions précédentes, faites un exposé oral sur le changement alimentaire des Français décrit par Claude Fischler. (4–5 minutes)

Interview

Relisez le texte, puis interviewez une de vos connaissances sur ses habitudes alimentaires. (5–10 minutes)

Reportage

A l'aide des renseignements recueillis, rédigez un article sur le rôle des supermarchés dans le changement des habitudes alimentaires en France pour un journal de publication en langue française. (120–150 mots)

1C

l e s   g e n s

Joël Durand, jeune chocolatier inventif

«Je voulais devenir pilote, mais je m'ennuyais à l'école. A la fin de la 5e, je suis parti en pré-apprentissage chez un pâtissier à Cherbourg. Peut-être parce que gamin, j'adorais faire des gâteaux au chocolat.» Joël Durand tombe sous le charme de ce métier, tout en se passionnant pour le chocolat. Ce n'est pas un cadeau! «C'est la matière la plus difficile à travailler. On est toujours à un degré près. On joue sur le brillant. Pas de droit à l'erreur. Il faut être patient et soigneux.»

Une fois les règles de base bien en mains, Joël part travailler dans de grands hôtels: Divonne-les-Bains, Megève et deux châteaux en Ecosse. «Là-bas, j'ai mis en place une carte de desserts français. C'est en bougeant en France et à l'étranger qu'on se perfectionne dans ce métier.»

Pour peaufiner ses chocolats et ses sorbets, il se retrouve dans un salon de thé à Tréburden dans le Finistère. «A 21 ans, j'ai décidé de m'installer à mon compte. Je possédais tout le savoir-faire. J'étais amoureux de mon métier.» Pari tenu: avec une associée, Joël ouvre une boutique au centre de Rennes. Depuis près de huit ans, le chocolatier joue les artistes. Cet hiver, le guide Julliard des croqueurs de chocolat l'a fait entrer dans la cour des grands: classé dans les dix premiers chocolatiers français. «Gaston Lenôtre, le père de toute la profession, est venu me voir dans mon magasin», dit Joël.

«On commence modestement par de petits copeaux de chocolat, puis on se lance dans les moulages avant d'arriver aux créations et de s'amuser. J'imagine dans ma tête. Même pendant les vacances. C'est sur le marché de Sète que j'ai eu l'idée des chocolats aux fleurs de lavande. Le dosage est précis, car le goût ne doit pas être fort. Même attention pour mes chocolats au thym séché. Pour ceux au café, je mouds mon propre mélange d'arabica. On peut tout faire avec le chocolat. C'est une question de doigté», assure Joël.

Joël Crusson, *Ouest-France*, 15 avril 1995

Lexique

un chocolatier	chocolate maker
s'ennuyer	to be bored
un pâtissier	confectioner
un gamin	young child, kid
un métier	profession, trade
se passionner pour	to develop a passionate interest in
à un degré près	to within one degree, very close
on joue sur le brillant	*it's as delicate as working with precious stones*
pas de droit à l'erreur	no margin for error
soigneux,-euse	careful, conscientious
bouger	to travel (about)
se perfectionner	to improve
peaufiner	to refine, put the finishing touches to
un salon de thé	tearoom
s'installer à son compte	to set up one's own business
pari tenu	the bet is on
un artiste	(creative) artist
un croqueur de chocolat	chocolate eater, lover
la cour des grands	the big league
des copeaux de chocolat	flaked, coarsely grated chocolate
un moulage	moulding
un marché	market
un dosage	measurement, mixing
le thym séché	dried thyme
moudre	to grind
un mélange	mixture, blend
le doigté	delicate touch

Notes explicatives

la 5e second year of secondary school, age 12–13
en pré-apprentissage on a work experience programme
le Finistère department in Brittany, the most westerly in France
arabica variety of coffee beans

Portrait

En utilisant les données ci-dessous, faites oralement le portrait de Joël Durand en tant que
chocolatier artiste. (4–5 minutes)

> Le métier de chocolatier – la fin de la 5ᵉ – en
> pré-apprentissage – les règles de base – une
> question de doigté – s'installer à son compte –
> une boutique au centre de Rennes – la cour des
> grands – le guide Julliard – Gaston Lenôtre

Interview

A partir de ce portrait, interviewez Joël Durand
sur son apprentissage, sa situation actuelle et ses
créations. (5–10 minutes)

Reportage

A l'aide de cette interview, rédigez un article sur
les étapes successives de la carrière de Joël Durand
pour un journal de publication en langue anglaise.
(120–150 mots)

Au Salon du Chocolat

1D

r e p o r t a g e

Le phénomène «bio»

Sortie des bureaux. 18 heures. Une grappe de jeunes femmes en tailleur parcourt, d'un pas rapide, les allées du supermarché Canal Bio, à Paris. Non loin, un homme en costume-cravate remplit un large cabas en osier de radis terreux et de pommes fripées … Olivier Mugler, qui gère depuis janvier le premier supermarché «bio» de la capitale, en bordure du canal de l'Ourcq, n'en revient pas: «Nous pensions capter une clientèle d'initiés. Or les gens du quartier – mères de famille, jeunes actifs – déferlent dans le magasin, et nous atteignons quatre cents passages en caisse le samedi.»

Ici, les paniers d'osier remplacent les chariots métalliques. Quant aux produits, ils sont tous cultivés à l'abri des engrais chimiques et des additifs de synthèse. Outre les fruits et légumes, Canal Bio propose une gamme complète d'aliments biologiques, vin, viande sous vide, charcuterie, café, produits laitiers et plats cuisinés… Trois mille références, sobrement disposées sur de hautes étagères en bois clair.

Moins ésotérique que les petites échoppes de produits naturels, cette nouvelle famille de supermarchés a su séduire le grand public. Une étude réalisée par le Credoc en décembre dernier révèle que 41% des Français consomment ces produits de manière régulière ou occasionnelle. Les végétariens militants et autres écolo-hippies ne sont donc plus les seuls disciples de ce mode alimentaire. Résultat: une quinzaine de supérettes ont ouvert leurs portes en France depuis deux ans, et autant d'autres sont en projet. La grande distribution n'est pas en reste, qui, de Carrefour à Auchan et de Monoprix à Casino, propose des produits au label «biologiquement correct».

Seul obstacle à une diffusion plus large: la pureté a un prix. Si le kilo de pommes, chez Canal Bio, est vendu sept francs, il faut acquitter 16 francs pour une brique de jus d'orange. Sur le marché bio boulevard Raspail, à Paris, on s'arrache des bottes de radis rouges au prix de 25 francs …

Stéphanie Chayet, *Le Point*, 3 juin 1995

Lexique

une grappe	bunch, cluster
un tailleur	(woman's) suit
parcourir	to walk up and down
d'un pas rapide	at a fast pace
une allée	aisle (in supermarket)
en costume-cravate	(wearing) a suit and tie
un cabas en osier	a wicker shopping basket
terreux,-euse	covered in earth
fripé, e	wrinkled
gérer	to run, manage (a shop)
en bordure de	alongside
il n'en revient pas	he can't get over it
capter	to attract (clients)
les gens du quartier	local people, locals
un,e actif,-ive	working person
déferler	to pour, flood in
atteindre	to reach
un passage en caisse	(person) going through the checkout
un chariot	(supermarket) trolley
quant à	as for, concerning
cultiver	to grow (food)
à l'abri de	free from
un engrais	fertilizer
un additif de synthèse	synthetic additive
outre	in addition to, as well as
une gamme	range
sous vide	vacuum packed
la charcuterie	cooked meats, delicatessen
les produits laitiers	dairy products
un plat cuisiné	ready-cooked meal
disposé,e	arranged, set out
une étagère	shelf
une échoppe	(market) stall
séduire	to appeal to, win over
réaliser une étude	to carry out a study
une supérette	minimarket
ne pas être en reste	not to be outdone
acquitter	to pay
une brique	carton (of milk, orange juice)
s'arracher	to fight over, scramble over (goods)
une botte	bunch (of vegetables)

Notes explicatives

le canal de l'Ourcq   canal to the north-east of Paris, near the Parc de la Villette

le Credoc: Centre de recherches, d'études et de documentation sur la consommation consumer research centre

Carrefour, Auchan, Monoprix, Casino popular French super- or hypermarkets

le boulevard Raspail boulevard running south from near the Musée d'Orsay to the Place Denfert-Rochereau

Présentation orale

En petits groupes, réalisez et présentez une étude détaillée des sept thèmes suivants. (10–15 minutes)

---

1 La clientèle du supermarché Canal Bio.
2 La réussite du magasin selon le gérant.
3 Les différences entre Canal Bio et un supermarché traditionnel.
4 La gamme des produits vendus chez Canal Bio.
5 Les résultats d'une enquête récente menée par le Credoc.
6 La popularité grandissante de ce mode alimentaire en France.
7 La justification des prix dans les supermarchés «bio».

Interview 1

A l'aide de cette étude, interviewez le gérant du supermarché Canal Bio sur ses produits, l'organisation de son magasin et la clientèle qui le fréquente. (8–10 minutes)

Interview 2

A partir des renseignements recueillis, interviewez un(e) client(e) dans un supermarché «bio» sur les raisons de ses préférences pour ce mode alimentaire. (8–10 minutes)

Reportage

En vous basant sur ces interviews, rédigez un article sur la nouvelle vague des supermarchés «bio» et leur clientèle pour un journal de publication en langue anglaise. (150–180 mots)

1E
t h è m e

At the breakfast table

Etude lexicale

A l'aide d'un dictionnaire, donnez en anglais les équivalents des mots–clés suivants.

affirmer	une idée fausse
à l'unanimité	interroger quelqu'un
un aliment de base	(mal) équilibré,e
avaler	les moins de 15 ans
se composer de	par contre
déclarer	les premiers . . . les seconds . . .
les deux tiers	ressembler de très près
l'état actuel des choses	une tartine
essentiellement	les viennoiseries
faire de même	vouloir que

Enquête

En vous reportant à votre étude lexicale, traduisez le texte ci-dessous en français.

BALANCED BREAKFASTS

In most French families, the first meal of the day begins before 7.30 am, lasts a good quarter of an hour and is taken in the kitchen. Contrary to certain misconceptions according to which many children swallow their slice of bread and butter in the bus or in the car, a recent survey reveals that more than 95% of under 15s sit at the table to have breakfast and that nearly 90% of adults do the same. Fewer than 20% of those interviewed eat while watching television whilst nearly half eat while listening to the radio.

On the other hand, the survey also shows that nearly 60% of French people have a poorly balanced breakfast. Nutritionists are unanimous in maintaining that a balanced breakfast should consist of three staple foods: a drink, a dairy product and cereals. In the present state of affairs, 88% of adults and 61% of children have a hot drink, mainly coffee for the former and chocolate for the latter. Two thirds of French people have a slice of bread and butter or Viennese pastries whilst a third of children have cereals as against only 8% of adults. In fact, over 60% of parents say that their breakfast is very similar to what that they had when they themselves were children. Some eating habits never die out . . .

1F
e n q u ê t e

Préoccupations diététiques

Travail collectif

En petits groupes, discutez les 10 thèmes suivants.
(15–20 minutes)

1 La mécanisation et l'automatisation du travail.
2 L'accroissement du nombre de femmes actives.
3 Une alimentation plus légère et moins traditionnelle.
4 Le petit déjeuner français.
5 La mode minceur.
6 Le rôle des grandes surfaces.
7 Les nouveaux modes de consommation.
8 Les congélateurs et les fours à micro-ondes.
9 Le rapport qualité/prix des aliments biologiques.
10 La diminution de la consommation de vin.

Sondage

En vous basant sur ces discussions, effectuez un sondage d'opinion sur les changements récents dans les habitudes alimentaires.

1 Pour préparer votre sondage, composez un questionnaire qui vous permettra de recueillir des réactions sur le vif. (8–10 questions)

2 A partir de ce questionnaire, interrogez une dizaine de personnes sur le thème proposé. (20–25 minutes)

3 Présentez vos conclusions en faisant une conférence avec support visuel. (8–10 minutes)

4 Ecrivez un reportage sur les résultats de ce sondage pour un magazine de publication en langue française. (200–250 mots)

Le boulanger du quartier

L'évolution du tourisme

Les jeunes vacanciers

Isabelle, quelles sont les nouvelles demandes des jeunes vacanciers en France?
Partout on constate que les demandes des jeunes vacanciers ont évolué ces dernières années. Les jeunes n'ont pas un budget énorme à consacrer à leurs vacances, ils recherchent donc un bon rapport qualité–prix. Ils en veulent pour leur argent!

Ce sont donc le camping et l'hébergement chez des amis qui ont toujours plus de succès que l'hôtel; pour des raisons financières, certes, mais aussi parce que l'hôtel est vu comme un lieu impersonnel qui ne favorise pas les rencontres. Ceci dit, ce qui se développe beaucoup depuis quelques années, ce sont les chambres chez l'habitant qui permettent d'avoir un véritable contact avec les habitants de la région, de goûter la nourriture du terroir.

La grande tendance, en particulier chez les jeunes, c'est un tourisme plus sain: les Français redécouvrent la nature à travers le «tourisme vert». C'est-à-dire qu'ils recherchent des sites naturels qui ne soient pas envahis par les touristes: les Alpes, le Massif Central, le Vaucluse, le parc du Lubéron... Des activités de plein air sont proposées – randonnées à pied ou à cheval, ski sur l'herbe, rafting – qui permettent aux vacanciers de profiter de la nature environnante.

Laurent, partages-tu les opinions d'Isabelle?
D'une manière générale oui, je les partage. Les jeunes recherchent bel et bien ce qu'il y a de moins cher et n'hésitent pas à sacrifier le confort pour la durée. La grande tendance est donc, chez les jeunes, un tourisme plus sain à un coût peu élevé.

De plus, en ce qui concerne la destination des vacances, on constate un deuxième changement: la Côte d'Azur, même si elle continue à avoir beaucoup d'adeptes, a moins de succès auprès des jeunes. Les raisons sont encore une fois financières car l'hébergement, la nourriture, les loisirs, y sont beaucoup plus chers. Les gens se sont également lassés des foules de touristes, des plages bondées...

Cela dit, j'ajouterais bien certaines choses. Tout d'abord, certains jeunes partent encore très longtemps en vacances avec leurs parents. Cela est dû au fait qu'ils s'émancipent de plus en plus tard, restent vivre chez leurs parents et donc tout naturellement partent en vacances avec eux. Par contre, les jeunes sont aujourd'hui de plus en plus nombreux à faire un séjour à l'étranger. Probablement le désir de découvrir d'autres pays, d'autres langues, d'autres coutumes avec des copains. C'est également parfois un moyen de joindre l'utile à l'agréable: on souhaite pratiquer un peu son espagnol, alors pourquoi ne pas aller passer un mois en Espagne?

Notes explicatives

la chambre chez l'habitant   a room in the home of local people, similar to a B & B
les Alpes   range of mountains in the south-east
le Massif Central   mountainous area in the centre
le Vaucluse   department in the south
le parc du Lubéron   natural park in the Vaucluse
la Côte d'Azur   popular tourist area on the south coast

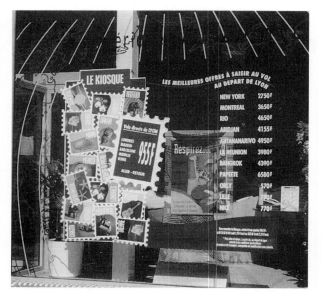

Au départ de Lyon

Lexique

un,e vacancier, -ière	holidaymaker
constater	to note, establish (a fact)
évoluer	to evolve, change
consacrer	to devote (money to sth)
rechercher	to search out, look for
un bon rapport qualité–prix	good value for money
en vouloir pour son argent	to want one's money's worth
l'hébergement (m)	accommodation
certes	certainly, admittedly
favoriser	to favour, encourage
ceci dit	this said, having said this
goûter	to taste, try (food)
la nourriture du terroir	local food
sain, e	healthy
à travers	through
le tourisme vert	country(side) holidays
de plein air	open-air (activities)
une randonnée à pied	walk, walking
profiter de	to enjoy, make the most of
environnant,e	surrounding
partager	to share (opinions)
bel et bien	well and truly, definitely
la durée	length (of stay)
à un coût peu élevé	low cost, inexpensive
un,e adepte	follower, enthusiast
se lasser de	to be tired of, bored with
bondé,e	packed with (people, tourists)
cela dit	having said that
ajouter	to add
s'émanciper	to become independent
par contre	on the other hand
faire un séjour à l'étranger	to spend some time abroad
un moyen de	a means, way of (doing sth)
joindre l'utile à l'agréable	to mix business with pleasure
souhaiter	to wish, want

Opinions partagées

En petits groupes, discutez vos opinions sur les thèmes suivants. (10 minutes)

- la chambre chez l'habitant
- le tourisme vert
- les activités de plein air
- le confort ou la durée
- les vacances avec les copains
- les séjours à l'étranger

Présentation

En vous aidant de ces discussions, faites un exposé oral sur la tendance actuelle qui vous attire le plus. (5 minutes)

2B
i n t e r v i e w

Vers un tourisme à la carte

Vous allez entendre une interview de Françoise Toulemonde, chargée d'études au Centre de communication avancée (CCA).

Compréhension

Répondez en français aux questions suivantes.

1 Selon Françoise Toulemonde, de quelle façon les Français ont-ils modifié leurs dépenses?

2 Quelle influence cette tendance a-t-elle eue sur les différentes formes de vacances prises par les Français?

3 De quelle manière les Français des années 70 retiraient-ils des satisfactions dans leur vie?

4 Qu'est-ce qui a changé aujourd'hui?

5 Les vacanciers français dépensent-ils plus aujourd'hui qu'il y a vingt ans? Expliquez.

6 Comment les professionnels du tourisme devraient-ils répondre aux nouvelles demandes des vacanciers? Donnez des exemples.

7 Comment Françoise Toulemonde décrit-elle les vacanciers qu'elle nomme les «sélects»?

8 Quelles destinations les «sélects» choisissent-ils pour se détendre?

9 Comment Françoise Toulemonde définit-elle les «nouveaux itinérants»?

10 Quelles activités cette nouvelle catégorie de vacanciers recherche-t-elle?

Lexique	
repasser au vert	to pick up again (of economy)
l'emploi (m)	employment
un poste budgétaire	budget item
privilégier	to favour, give priority to
en contrepartie de	in compensation for, in return for
exigeant,e	demanding
faire des coupes fortes	to make heavy cuts
claquer	to blow (money)
histoire de	for the sake of, just to (do sth)
s'investir dans	to put a lot of effort into
se refaire une santé	to get back to fitness
s'éclater	to have a good time
avoir affaire à	to be dealing with
se comporter	to behave
un registre	register, level
globalement	on the whole
dépenser	to spend (money)
une ère	age, time
morose	gloomy
en revanche	on the other hand
cibler	to target
en fonction de	according to
surinvestir	to invest heavily
adéquat,e	appropriate, suitable
une piste	trend
un itinérant	traveller
aisé,e	well-off, comfortably off
en quête de	in search of, looking for
côté	concerning, as regards
une dépose	putting, setting down
pointu,e	trendy, the latest
peu importe que	it doesn't matter whether
un comportement	behaviour
un archipel	archipelago, conglomeration
plein de	lots of, loads of
creuser une niche marketing	to exploit a gap in the market

Vers un tourisme à la carte

Une interview de Françoise Toulemonde, chargée d'études au Centre de communication avancée (CCA).

Selon vous, même si les indicateurs économiques repassent au vert et que l'emploi s'améliore, on ne consommera jamais plus de la même manière?

On voit de plus en plus de décisions arbitraires de la part des consommateurs. Les gens réduisent le nombre de leurs postes budgétaires et en privilégient d'autres. Mais en contrepartie des sacrifices faits, ils deviennent de plus en plus exigeants. Quant on fait des coupes fortes dans certains postes, l'argent qu'on garde c'est pour se faire plaisir, avec une idée de plaisir qui devient plus sélective. On ne claque plus de l'argent histoire d'en claquer, on s'investit dans ce qu'on décide de consommer. Et on part avec un alibi: pour s'enrichir culturellement, pour faire du sport, ou se refaire une santé.

Vous parlez d'une crise plus culturelle qu'économique?

Dans les années 70, les gens avaient la possibilité de s'éclater dans leur travail et dans leurs vacances. On avait affaire à des consommateurs qui se comportaient de la même façon dans les deux cas. Aujourd'hui, les gens expriment moins leur personnalité dans leur travail. On a affaire à des individus qui vivent de plus en plus sur deux registres, avec une vie sociale et professionnelle «conforme» et une vie privée où ils sont prêts à prendre plus de risques.

Est-ce que la part du budget vacances a diminué?

Globalement, elle est restée plutôt stable. Les gens sont prêts à dépenser s'ils sont motivés. On ne pense pas qu'on est dans une ère totalement morose et pessimiste. En revanche, il faut que les professionnels sachent mieux cibler leur offre en fonction des différentes demandes. Là où les gens sont prêts à surinvestir, il faut qu'ils sachent convaincre, avec des services adéquats et de qualité. Il faut développer les formules à la carte avec des «options» comme dans l'univers automobile,

exploiter la piste culturelle version classique ou plus exotique.

Vous privilégiez dans votre étude deux familles, les «nouveaux itinérants» et les «sélects». Qui sont-ils et que demandent-ils?

Les «sélects» sont des consommateurs aisés avec une situation professionnelle assurée qui leur permet d'avoir du temps libre. Ils sont prêts à payer plus en échange de services importants. Ce sont aussi des «classiques» qui se dirigeront vers des pays culturellement riches comme l'Europe de l'Est, l'Italie ou les pays méditerranéens.

Et les «nouveaux itinérants»?

Ils sont plus jeunes, plus explorateurs, en quête de sensations nouvelles. Hyperactifs et hyperadaptés professionnellement, ils ont une grande demande d'originalité dans leur vie privée. Ils sont en quête de destinations comme le Viêt Nam, l'Australie, le Guatémala. Pour eux, la culture, c'est davantage la soif de communication avec l'autre. Côté sports, il leur faudra l'extrême ou le top du top. Comme la dépose en hélicoptère pour faire du ski ou l'endroit pointu en Floride pour le ski nautique. Et peu importe qu'ils y aillent en charter. Les Français et leurs comportements touristiques, c'est un archipel avec plein de petites niches marketing à creuser.

Propos recueillis par Brigitte Estrade,
Libération, 22 mars 1996

Présentation

En fonction de vos réponses aux questions précédentes, faites un exposé oral sur les tendances actuelles du tourisme français selon Françoise Toulemonde. (4–5 minutes)

Interview

Relisez le texte, puis interviewez une de vos connaissances sur ses préférences touristiques pour l'année en cours. (5–10 minutes)

Reportage

A l'aide des renseignements recueillis, rédigez un article sur les nouvelles exigences des vacanciers français pour un journal de publication en langue anglaise. (120–150 mots)

2C
l e s   g e n s

Hervé Houdré au Plaza Athénée de Paris

«Je me considère comme un chef d'entreprise dirigeant une entreprise de luxe», commente Hervé Houdré. A 37 ans, celui qui dirigeait le Crillon (groupe Concorde) depuis sept ans, change de chaîne mais reste fidèle à l'hôtellerie de luxe, en prenant en main la destinée du Plaza Athénée de Paris, fleuron de Forte France. Outre cet établissement, le groupe d'hôtellerie britannique possède 17 hôtels de luxe dans le monde dont le George-V et La Trémoille à Paris, le Hyde Park Hotel à Londres ou le Plaza Athénée à New York.

«L'hôtellerie était pour moi une voie naturelle. Je n'ai jamais imaginé devenir ingénieur ou banquier», lance Hervé Houdré, dont les parents étaient hôteliers et qui est même né dans un hôtel. En rejoignant le Plaza Athénée, ce diplômé de l'Ecole hôtelière Jean-Drouant (Paris) revient à ses premières amours. Il avait rejoint, en effet, le palace parisien en 1981 comme attaché de direction, après avoir débuté dans la chaîne Interconti-nental à Londres. Il a ensuite passé trois années au Plaza Athénée à New York avant de se voir confier en 1987 la direction générale du Crillon à Paris. Fin gestionnaire, il est parvenu à augmenter considérablement la rentabilité de cet établissement, devenu en 1993 le plus profitable de toute la chaîne Concorde.

«Mes nouvelles responsabilités au Plaza constituent pour moi un nouveau challenge. Mon objectif est à la fois de développer l'image et la rentabilité de cet hôtel de luxe. Il ne s'agit pas de révolutionner mais d'améliorer, en concentrant nos efforts sur la qualité du service au client», explique le nouveau directeur général, qui s'at-tache à être très présent sur le terrain.

Avec 210 chambres et suites, et quelque 400 employés, le Plaza a généré l'an dernier 200 millions de francs de chiffre d'affaires (taux d'occupation moyen stable de 60%). «Nous étudions avec le groupe Forte un important programme d'investissement sur cinq ans», révèle Hervé Houdré dont l'ambition est de développer une plus large clientèle d'affaires. D'emblée, le nouveau directeur général a décidé de doter l'ensemble des chambres des moyens de télécommunications les plus modernes.

Le Figaro économie, 5 septembre 1995

Le Figaro économie, 5 septembre 1995

Lexique

diriger	to run, manage (a firm, company)
l'hôtellerie (f)	hotel business
un fleuron	jewel (in the crown)
outre	in addition to, as well as
une voie	path, course
lancer	to say
un hôtelier	hotelkeeper
rejoindre	to join (a group, company)
un,e diplômé,e	graduate
un palace	luxury hotel
un,e attaché,e de direction	managerial assistant
débuter	to begin, start
se voir confier	to be given charge of
la direction générale	general management
fin, e	shrewd
un gestionnaire	administrator
parvenir à	to manage to do (sth)
la rentabilité	profitability
à la fois	at the same time, both
une image	(corporate) image
le directeur général	managing director
s'attacher à	to set out to (do sth)
être présent,e	to be active, actively involved
sur le terrain	in the field
un chiffre d'affaires	turnover
un taux d'occupation	occupancy rate
moyen,-enne	average
d'emblée	straightaway, from the outset
doter de	to equip with
l'ensemble des chambres	all the rooms
un moyen	means

Portrait

En utilisant les données ci-dessous, faites oralement le portrait d'Hervé Houdré en tant qu'hôtelier. (4–5 minutes)

> L'hôtellerie de luxe – l'Ecole hôtelière Jean-Drouant – attaché de direction – Londres, Paris, New York – la direction générale du Crillon – un fin gestionnaire – le Plaza Athénée de Paris – un nouveau challenge – l'image et la rentabilité – un programme d'investissement.

Interview

A partir de ce portrait, interviewez Hervé Houdré sur sa vie, sa carrière et ses responsabilités actuelles. (5–10 minutes)

Reportage

A l'aide de cette interview, rédigez un article sur les étapes successives de la carrière d'Hervé Houdré pour un journal de publication en langue anglaise. (120–150 mots)

r e p o r t a g e

La France va devoir se vendre

Le soleil, l'histoire et la bonne table ne suffisent plus pour retenir le touriste. Attirés par le faible cours de la peseta espagnole et de la lire italienne, les Européens du Nord, oiseaux migrateurs, n'hésitent plus à parcourir des milliers de kilomètres pour se payer la plage et le farniente au moindre coût. Quitte à traverser la France à tire-d'aile et à oublier les autres pays du bassin méditerranéen, considérés comme trop instables. Pour sa part, Maison de France, organisme chargé de promouvoir notre pays à l'étranger, avait tiré la sonnette d'alarme dès juin. Face à la concurrence des pays latins, notre première place allait être menacée. Comparé à ses revenus, la France a tendance à s'endormir sur ses lauriers. Elle consacre neuf fois moins d'argent à sa promotion que l'Espagne et vingt-cinq fois moins que l'Irlande!

Après un démarrage très morose, la saison semble repartir avec des aspects contrastés selon les régions. Celles qui, comme l'Aquitaine, le Languedoc-Rousillon ou la Provence-Côte d'Azur, s'alimentent du tourisme transfrontalier, souffrent cette année de l'absence des Espagnols et des Italiens (–15% sur la Côte), pour lesquels notre monnaie est trop chère. D'autres, comme la Normandie et la Bretagne, voient filer les Anglais vers des cieux plus ensoleillées et plus abordables. En Bretagne, la fréquentation des hôtels et restaurants a baissé de 15%. Selon la Délégation régionale au tourisme, la désaffection des Britanniques se poursuit depuis la chute de la livre. Seule consolation: une arrivée inattendue d'Italiens en juin, sans doute attirés par le départ du Tour de France dans les Côtes-d'Armor.

Car, au-delà des problèmes d'argent, qui reste le nerf de la guerre, l'enjeu est bien là. Les touristes, français ou étrangers, recherchent de plus en plus confort, activités et tranquillité. Les routes du vignoble et les bonnes tables continuent à faire recette (l'Alsace en est un bel exemple). Les régions qui savent se vendre aussi: celles qui enregistrent cet été une progression de leur clientèle sont celles qui ont décidé d'attirer le touriste chez elles. C'est le cas de la Franche-Comté qui commence à engranger le fruit de ses efforts. Elle prévoit un cru exceptionnel avec quelque 4,5 millions de visiteurs dont 20% d'étrangers, essentiellement Hollandais, Anglais et Allemands à la recherche de calme et de verdure.

Joëlle Frasnetti, Le Parisien, 25 juillet 1995

Notes explicatives

le Tour de France annual, professional summer cycle race around France
les Côtes-d'Armor   department in the north of Brittany

Vacances les pieds dans l'eau

Lexique

se vendre	to sell, promote oneself
la bonne table	good food
suffire pour	to be enough to (do sth)
un cours	exchange rate
parcourir	to travel, cover (distance)
se payer	to treat oneself to
le farniente	lazing about
au moindre coût	as cheaply as possible
quitte à	even if it means
à tire d'aile	hurriedly
un organisme	body, organization
promouvoir	to promote
tirer la sonnette d'alarme	to sound the alarm
face à	in view of
la concurrence	(commercial) competition
un revenu	revenue, income
s'endormir sur ses lauriers	to rest on one's laurels
consacrer à	to devote (money) to
un démarrage	starting up, taking off
repartir	to pick up again (season, economy)
s'alimenter de	to thrive on
transfrontalier,-ière	cross-border
une monnaie	currency
filer	to dash off, rush
abordable	affordable
la fréquentation	(number of people) going to, visiting
baisser de	to fall by, go down by
la désaffection	disaffection, disloyalty
se poursuivre	to continue
une chute	fall, drop (in exchange rate)
inattendu,e	unexpected
au-delà de	beyond
le nerf de la guerre	the sinews of war (money)
un enjeu	issue, (what is at) stake
un vignoble	vineyard
faire recette	to be a success, bring in the money
enregistrer une progression	to record an increase
engranger	to gather in, reap
prévoir	to predict, foresee
un cru	vintage (year)
la verdure	greenery

Présentation orale

En petits groupes, réalisez et présentez une étude détaillée des sept thèmes suivants. (10–15 minutes)

---

1 Le choix des pays latins fait par les vacanciers des pays du Nord.
2 La mise en garde adressée à l'industrie du tourisme par Maison de France.
3 Le niveau du budget publicitaire français comparé à celui d'autres pays européens.
4 Les variations régionales du tourisme étranger en France.
5 Les nouvelles préférences des touristes britanniques.
6 Les modes de vacances recherchés par les touristes d'aujourd'hui.
7 L'exemple productif donné par certaines régions françaises.

Interview 1

A l'aide de cette étude, interviewez le directeur de Maison de France sur les tendances actuelles dans le tourisme français. (8–10 minutes)

Interview 2

A partir des renseignements recueillis, interviewez un(e) touriste sur les raisons de son choix en ce qui concerne ses vacances en France.
(8–10 minutes)

Reportage

En vous basant sur ces interviews, rédigez un article sur l'évolution récente du tourisme étranger en France pour un journal de publication en langue anglaise. (150–180 mots)

t h è m e

The holiday show

Etude lexicale

A l'aide d'un dictionnaire, donnez en anglais l'équivalent des mots-clés suivants.

analyser	faire attention à
s'attacher à	généraliste
un centre d'intérêt	s'imposer comme
chercher à	inciter à
un comportement-type	les motivations
dégager une tendance	le panel des sondés
les dépenses	redoubler d'efforts
la durée du séjour	répondre à une exigence
élargir	se tenir à
en plus grand détail	à venir

A noter: le Parc des Expositions de Paris a leading exhibition centre, situated to the south-west of the city at the Porte de Versailles

Entretien

En vous reportant à votre étude lexicale, traduisez le texte ci-dessous en français.

A SHORT INTERVIEW WITH THE DIRECTOR OF THE SHOW

What is the purpose of this show?

The Holiday Show, which will be held from 30th March to 4th April at the Parc des Expositions in Paris, is trying to establish itself as the main, non-specialised holiday show. While it's true that an ever-increasing number of French people, between 55% and 60% of the population, want to go on holiday at least once a year, today's holidaymakers are more careful over their spending. Our annual survey shows that a very high proportion of them spend their holidays in France, which should encourage our tourist industry to work twice as hard.

How have you changed your survey of the way French people take their holidays this year?

We set out to make a more detailed analysis of their typical behaviour as well as of the time they stay on holiday, and their choice of region or accommodation. We also widened the sample group of those polled. 10,000 people aged 14 or over were interviewed about their lifestyle, their interests and their reasons for going on holiday. It's a more practical study which will help us determine the main trends ahead, and will show travel agencies how to meet holidaymakers' increasingly varied demands.

2F

e n q u ê t e

Le comportement des touristes

Travail collectif

En petits groupes, discutez les 10 thèmes suivants.
(15–20 minutes)

1 Le comportement touristique des Français.
2 Des vacanciers de plus en plus exigeants.
3 La part du budget vacances.
4 Les «sélects» et les «nouveaux itinérants».
5 Les formules à la carte.
6 L'image et la rentabilité de l'hôtellerie.
7 La fréquentation des hôtels et des restaurants.
8 La concurrence des pays latins.
9 La désaffection des Britanniques.
10 Les régions qui savent se vendre.

Suivez le guide!

Interview

En vous basant sur ces discussions, interviewez Michèle Servain, directrice d'une agence de voyages, sur les tendances actuelles dans le comportement des touristes français et étrangers, ainsi que sur l'industrie du tourisme aujourd'hui.

1 Pour préparer cette interview, composez un questionnaire sur le thème proposé. (8–10 questions)

2 Avant l'interview, vous présentez à un(e) collègue les idées que vous voulez aborder avec Michèle Servain, ainsi que l'orientation générale de l'entretien. (5–10 minutes)

3 A partir de cette préparation, interviewez Madame Servain dans son agence en enregistrant l'interview. (10–15 minutes)

4 Rédigez une version éditée de cette interview pour un magazine de publication en langue française. (200–250 mots)

D O S S I E R

3

Loisirs et spectacles

o p i n i o n s

Loisirs et spectacles à Dijon

Laurent, quels loisirs t'intéressent le plus à Dijon?
Dijon est une ville importante, et donc le choix est relativement grand. Que l'on aime l'opéra, le théâtre, le cinéma, le sport ou autre chose, on trouve généralement chaussure à son pied.

Quant à moi, qui suis fan de football, je joue au foot dans un club. Malheureusement pour les supporters, le choix n'est pas terrible: Dijon évolue en 3ème division. Alors on se rabat sur autre chose. Le basket, par exemple, où Dijon est une des grosses cylindrées du championnat de France. Ou encore le rugby ou Dijon est la seule équipe du nord avec Paris à évoluer en première division. Sportivement, nous n'avons pas trop à nous plaindre, en dépit d'une équipe de football très pauvre.

Sinon, comme tout un chacun, j'aime aller voir un bon film, mais rarement je dois dire car une place de cinéma coûte assez cher. De toute façon, je préfère dépenser mon argent en livres. Enfin, je suis membre d'une MJC où avec des amis je passe des heures à jouer à des jeux de rôles. Contrairement à ce que l'on dit de nous, nous ne sommes pas fous. Je suis un joueur invétéré (sans être joueur d'argent) et je ne dis jamais non à une partie de tarot.

Isabelle, que penses-tu des spectacles offerts aux jeunes à Dijon?
Notre ville est assez vivante culturellement parlant, avec une infrastructure qui lui permet de proposer au public de nombreux spectacles, la plupart du temps de qualité. En ce qui concerne le théâtre, l'éventail va des pièces classiques à des pièces plus originales. Toutefois, même si le théâtre s'est démocratisé ces derniers temps, le prix des places est relativement élevé. Je donne donc ma préférence aux troupes de théâtre locales, essentiellement constituées d'amateurs, qui se produisent le plus souvent dans des petites salles de quartier ou dans les MJC.

En ce qui concerne la musique, le choix est également varié: concerts de musique classique, de jazz, de chanteurs français et étrangers. Là encore, les places sont chères car les concerts ont souvent lieu au Palais des Congrès, grand complexe qui accueille concerts, expositions, foires. Il y a également des spectacles de rue qui ont lieu chaque année à Dijon: par exemple, le spectacle d'orgues de Barbarie. Je trouve qu'il est très agréable de se promener et d'écouter jouer de la musique aux détours des rues du centre-ville. Les Frères de la Vigne est la manifestation culturelle de l'année à Dijon. Elle a lieu au mois de septembre. Pendant environ un mois, des groupes venant de la France et de l'étranger se retrouvent chez nous et proposent des spectacles de danses folkloriques. Une expérience merveilleuse!

Notes explicatives

Dijon   capital of Burgundy, some 300 km south-east of Paris

pas terrible   commonly used expression in popular French to mean *nothing special*

la 3ème division   the top semi-professional league, coming after the first and second, fully professional, leagues

une MJC: Maison des Jeunes et de la Culture   community arts centre for young people

un jeu de rôles   here, an impromptu role-playing game for 5–6 people around a table

une partie de tarot popular card game played with 78 cards, at home or in bars

Opinions partagées

En petits groupes, discutez vos opinions sur les loisirs et les spectacles suivants proposés au public dans votre ville. (10 minutes)

- le théâtre et le cinéma
- le prix des places
- les équipes sportives
- les jeux de rôles
- les concerts de musique
- les spectacles de rue

Lexique

important, e	large, sizeable
que l'on aime	whether you like
quoi d'autre	what else
trouver chaussure à son pied	to find something suitable
évoluer	to play in (football league)
se rabattre sur	to make do with, settle for
le basket	basketball
une grosse cylindrée	big name, strong team
se plaindre	to complain
sinon	otherwise, or else
tout un chacun	everyone, everybody and anybody
dépenser	to spend (money)
fou, folle	mad, crazy
invétéré, e	inveterate, compulsive
vivant, e	lively
proposer	to offer
la plupart du temps	most of the time, mostly
un éventail	range
toutefois	however
se démocratiser	to become more accessible (to people)
ces derniers temps	recently
essentiellement	principally, mainly
constituer	to form, make up
se produire	to perform (plays, shows)
une salle de quartier	local (theatre) auditorium
là encore	there again
un palais des congrès	conference theatre
accueillir	to accommodate (events)
une exposition	exhibition
une foire	(trade) fair
un orgue de Barbarie	barrel organ
au détour d'une rue	at the bend in a street
une manifestation	(cultural) event
folklorique	folk (dance)

Présentation

En vous aidant de ces discussions, faites un exposé oral sur la tendance culturelle ou sportive qui vous intéresse le plus. (5 minutes)

interview

Le jeu est devenu un phénomène de masse

Vous allez entendre une interview de Jean-Marie Lhôte, auteur d'une encyclopédie *Histoire des Jeux de Société*.

Compréhension

Répondez en français aux questions suivantes.

1 Selon les recherches de Jean-Marie Lhôte, les Français jouent-ils davantage aux jeux familiaux durant la période des fêtes de fin d'année? Expliquez.

2 Quels jeux se jouent à l'échelle nationale? Donnez des exemples.

3 Les jeux de cartes ont-ils perdu de leur popularité de nos jours? Expliquez.

4 Quel est le trait distinctif des jeux de hasard où l'on mise de l'argent? Donnez des exemples.

5 Selon Jean-Marie Lhôte, quel serait l'exemple extrême de cette tendance?

6 Quelle ambiance trouve-t-on dans les points de ventes de la Française des Jeux? Pourquoi?

7 Les grandes surfaces sont-elles destinées à jouer un rôle dans le loto en France? Expliquez.

8 Dans quelle mesure le comportement des joueurs a-t-il évolué depuis l'antiquité?

9 Pourquoi Jean-Marie Lhôte cite-t-il Platon dans ce contexte?

10 Quel jugement Jean-Marie Lhôte porte-t-il sur le jeu aujourd'hui?

Notes explicatives

les fêtes de fin d'année Christmas and New Year celebrations

le skat, la belote, le tarot popular European card games

la Française des Jeux organization which administers gambling activities in France, including horse racing and games of chance such as **loto** and **keno** which are based on drawing numbers

Lexique

le jeu	gambling
jouer	to play, to gamble
propice à	propitious, favourable for
évacuer	to eliminate
les gains en argent	winnings
remporter un succès	to be a success
résister à	to resist, withstand
un laminage	erosion
un joueur	player, gambler
miser	to bet, stake (money)
une partie	game
l'ivresse (f)	drunkenness, intoxication
une machine à sous	fruit machine
un jeu de hasard	game of chance
un tirage	draw (by chance)
se succéder	to follow (one another)
le grattage	scratching
un engouement	passion, craze (for sth)
un point de vente	(sales) outlet
convivial, e	friendly
voué, e à	devoted to, given over to
la détente	relaxation
un essai	try-out, trial
en cours	under way
se généraliser	to spread, become widespread
à l'égal de	(just) like
ludique	recreational
différer de	to differ from
souhaitable	desirable
bénéfique à	beneficial for
pervers, e	perverted, pernicious
la morosité	gloom
une rançon	ransom, price (to be paid)
imprégner	to impregnate, permeate

Le jeu est devenu un phénomène de masse

Une interview de Jean-Marie Lhôte, auteur d'une encyclopédie «*Histoire des Jeux de Société*».

Les Français jouent-ils plus qu'avant?

Au moment des fêtes de fin d'année, il est facile de voir comment les périodes de fête sont propices aux jeux familiaux qui associent adultes et enfants en évacuant les gains en argent: on y joue pour le plaisir d'être ensemble. Quelques grands jeux – le Monopoly, le Trivial Pursuit, le Scrabble ou le Pictionary – remportent un succès considérable, et international: il existe des versions du Monopoly en de nombreuses langues, y compris en russe depuis la chute du mur de Berlin.

On joue donc moins aux cartes?

Tout indique que les jeux de cartes populaires résistent bien au laminage général. Chaque pays reste fidèle à quelques jeux privilégiés, comme le *cribbage* en Angleterre, le *skat* en Allemagne, la belote en France, les tarots en Europe centrale . . .

Comment analyser la prolifération des jeux d'argent instantanés et des loteries?

Pour les joueurs misant de l'argent, les parties doivent se succéder vite: ils aiment cette «ivresse du jeu». C'est le cas des jeux de hasard purs, roulette, machines à sous ou loteries, dont les tirages peuvent se succéder à un rythme vertigineux: sept jours sur sept toutes les cinq minutes pour certains kénos américains! Les lotos à tirage instantané par grattage vont au bout de cette logique de répétition rapide.

Trouve-t-on le même engouement pour les lotos en France?

La Française des Jeux a 40 000 points de vente en France: c'est presque trois fois le nombre des bureaux de poste. Ce sont des endroits conviviaux, voués à la détente et aux petites drogues que sont le verre de vin, le café ou le paquet de cigarettes; le billet de loto est de la même famille festive. Des essais de vente dans des grandes surfaces sont en cours au Canada et se généraliseront.

Alors, le billet de loto deviendra un produit non plus superflu mais nécessaire, à l'égal des légumes, de l'huile ou du savon.

A la lumière de l'histoire fort ancienne des jeux, qualifieriez-vous notre époque de particulièrement ludique?

Le joueur d'aujourd'hui ne diffère pas de son ancêtre joueur d'argent de l'Inde, de la Grèce ou de Rome. Mais les jeux conservaient alors un caractère individuel. Or, depuis le XVIIIe siècle, avec les loteries et les lotos, le jeu est devenu un phénomène de masse: une multitude de personnes jouent ensemble sans se connaître. Cela est neuf.

Trouvez-vous ce nouveau phénomène de masse souhaitable ou bénéfique à la société?

Un esprit de jeu pervers contamine toutes nos activités sociales, de l'économie casino à la politique spectacle. «Le jeu ne va pas sans mélancolie», suggère Platon. Cette mélancolie profonde, que nous appelons «morosité», est la rançon que nous payons au jeu imprégnant la société actuelle – sans perspective, car le jeu est sans mémoire ni avenir.

Propos recueillis par Marc Traverson,
Le Point, 7 janvier 1995

Présentation

En fonction de vos réponses aux questions précédentes, faites un exposé oral sur les recherches de Jean-Marie Lhôte au sujet des jeux de société. (4–5 minutes)

Interview

Relisez le texte, puis interviewez une de vos connaissances sur ses habitudes ludiques et son attitude à l'égard du jeu. (5–10 minutes)

Reportage

A l'aide des renseignements recueillis, rédigez un article sur les jeux de société en France pour un journal de publication en langue anglaise. (120–150 mots)

3C
l e s   g e n s

L'impatience d' Elisabeth Vitali

Vous la connaissez forcément. Voilà plus de dix ans que, de film en téléfilm, Elisabeth Vitali promène sa belle nature sur nos écrans et confirme son talent. Pour preuve, sa prestation, ce soir, dans «Une ex pas possible», la fiction diffusée sur TF1, à 21 h 15. Elle y donne la réplique à Bernard Giraudeau et incarne Lilly, une comédienne au chômage qui n'a pas sa langue dans sa poche. «Lilly, explique Elisabeth Vitali, est passionnée par son métier et, même s'il ne s'agit que de jouer une carotte dans un truc pour enfants, elle s'escrime à chercher la psychologie de son personnage!»

Si elle n'a jamais eu à interpréter de légume dans une production enfantine, Elisabeth Vitali n'ignore rien des vicissitudes inhérentes à sa profession: «J'ai beaucoup galéré, précise-t-elle. Chez les acteurs, les élus sont peu nombreux et je connais bien ces périodes où rien ne réussit, où on se demande si on retravaillera un jour . . .» Heureusement, elle tourne. Peut-être pas autant qu'elle le voudrait (surtout après sept ans de Conservatoire) mais elle tourne. Copine de Sophie Marceau dans «L'Etudiante», partenaire de Gérard Lanvin dans la série «Kléber» . . . sans parler du théâtre et des films d'auteur.

Impatiente, Elisabeth Vitali trouve, et c'est bien normal, «qu'il ne se passe jamais assez de choses». Sauf qu'elle sera bientôt Rosa la Rouge, prostituée de son état, dans le film que va réaliser Roger Planchon sur la vie du peintre Toulouse-Lautrec. Et qu'elle vient de «monter les marches», à Cannes, pour la toute première fois. Avec, qui plus est, l'équipe de «Western», le film de Manuel Poirier, récompensé par le prix du jury. Ses impressions? «C'est à la fois formidable et affolant. Tout ce monde, ce protocole, la projection du film qu'aucun des acteurs n'avait encore vu . . .» La cérémonie, elle l'a regardée à la télé. «J'étais vraiment heureuse pour Manuel Poirier. C'est formidable que le Festival de Cannes ait récompensé un tel parcours et se soit intéressé à l'univers des petits, des gens simples».

Marie Sauvion, *Le Parisien*, 26 mai 1997

Lexique	
forcément	necessarily, of course
un téléfilm	TV film
un écran	screen
une preuve	proof, demonstration
une prestation	(dramatic) performance
un, e ex	former husband, wife
donner la réplique à	to play opposite (another actor)
incarner	to play, portray (a dramatic character)
un,e comédien,-ienne	actor
au chômage	unemployed
ne pas avoir sa langue dans sa poche	never to be at a loss for words
un métier	profession, trade
un truc	some programme
s'escrimer à	to try as hard as possible to
un personnage	(dramatic) character
ne rien ignorer de qch	to know all about sth
les vicissitudes (fpl)	vicissitudes, ups and downs
galérer	to slave, slog away
un,e élu,e	winner, lucky one
se demander si	to wonder whether
tourner	to film, make a film
pas autant que	not as much as
un copain, une copine	friend, pal
un film d'auteur	art film
se passer	to happen
sauf que	except that
une prostituée	prostitute
de son état	by profession
réaliser	to make, direct (a film)
qui plus est	furthermore, what's more
affolant, e	frightening, disturbing
un protocole	(ceremonial) formalities
récompenser	to reward
un parcours	career, (artistic) development

Notes explicatives

TF1 one of France's private TV channels
Bernard Giraudeau, Sophie Marceau, Gérard Lanvin well-known French actors
le Conservatoire (de musique et de déclamation) the (Paris) Conservatory, Academy (of music and speech)
Roger Planchon French theatre and film director
Toulouse-Lautrec French painter and lithographer (1864–1901)
Manuel Poirier French film director
le Festival de Cannes the French film festival held annually in May
le prix du jury special award made at the festival

Portrait

En utilisant les données ci-dessous, faites oralement le portrait d'Elisabeth Vitali comme jeune actrice impatiente. (4–5 minutes)

> Sept ans de Conservatoire – les vicissitudes inhérentes à sa profession – les périodes où rien ne réussit – le Festival de Cannes – le prix du jury – l'univers des gens simples – elle tourne – «Une ex pas possible» – le personnage de Lilly – Rosa la Rouge.

Elisabeth, un avenir prometteur

Interview

A partir de ce portrait, interviewez Elisabeth Vitali sur sa carrière, ses réussites et déceptions, et ses espoirs pour l'avenir. (5–10 minutes)

Reportage

A l'aide de cette interview, rédigez un article sur les étapes successives de la carrière d'Elisabeth Vitali pour un journal de publication en langue anglaise. (120–150 mots)

3D

r e p o r t a g e

Océanopolis: la mer à ciel ouvert

Depuis son ouverture, il y a cinq ans, Océanopolis qui deploie ses ailes blanches futuristes devant le port du Moulin-Blanc a reçu plus de deux millions de visiteurs. On vient de partout pour admirer ces aquariums géants, uniques en Europe par leur présentation à ciel ouvert et leur technologie de pointe. 500 000 litres d'eau de mer y hébergent poissons, mollusques, crustacés et mammifères marins.

Phoques et plongeurs s'y côtoient, les premiers faisant des démonstrations époustouflantes de leurs talents de nageurs, les seconds venant commenter, en direct sous l'eau, le repas des murènes ou le ballet des mulets. Très appréciée des enfants, une flaque de démonstration permet de plonger ses mains dans l'eau salée, pour toucher étoiles de mer, anémones, coquillages, bébés mollusques et autres curiosités marines.

Des films permettent de voir les poissons dans leur milieu naturel, en particulier les phoques, une des grandes préoccupations d'Océanopolis. Sa clinique des phoques accueille régulièrement de jeunes mammifères en détresse, égarés ou blessés loin de leurs colonies d'origine. D'autres axes de recherche sont exposés au public à l'aide de petits aquariums, de vidéos et de jeux interactifs. Tout en luttant contre la capture de ces poissons tropicaux pour le commerce, Océanopolis développe un programme de recherche sur leur élevage par l'aquaculture.

A partir de février, l'exposition annuelle aura pour thème les poissons des récifs coralliens. On pourra découvrir l'adaptation aux formes et aux couleurs de la faune dans ces eaux tropicales: ce poisson qui se pare d'un faux oeil pour échapper à un prédateur, cet autre qui affiche des couleurs vives pour marquer son territoire, etc. En projet aussi, une animation sur les zones polaires arctique et antarctique. Un projet beaucoup plus vaste, répondant aux voeux du public, devrait permettre bientôt une extension d'Océanopolis à la faune et la flore du monde entier.

Océanopolis

Centre de culture scientifique et technique de la mer, 2 700 m² d'expositions, 200 heures d'animations culturelles. Ouvert du 15 juin au 30 septembre de 9 h 30 à 18 heures (un peu moins longtemps hors saison). Un moment privilégié, chaque jour à 15 h 30, l'heure du repas des poissons. Fermeture annuelle la dernière semaine de janvier et la première de février. Entrée gratuite pour les enfants de moins de 4 ans. Cafétéria, médiathèque avec plus de 5 000 livres et, à la sortie, boutique de la mer.

Le Figaro, 30 novembre 1995

Lexique

à ciel ouvert	open-air (museum)
déployer ses ailes	to spead its wings
de pointe	advanced, state-of-the-art
héberger	to provide shelter for
un crustacé	shellfish
un mammifère marin	marine mammal
un phoque	seal
un plongeur	diver
se côtoyer	to mix, be side by side
époustouflant, e	amazing, breathtaking
en direct	live (broadcast)
une murène	moray eel
un mulet	grey mullet
une flaque	puddle, pool
une étoile de mer	starfish
un coquillage	shellfish
accueillir	to receive, accommodate
égaré, e	lost, stray
blessé, e	injured, wounded
un axe	main line (of research)
lutter contre	to fight against
l'élevage par l'aquaculture	breeding, farming in the water
à partir de	(as) from
un récif corallien	coral reef
la faune	fauna, (marine) life
se parer de	to adorn, array oneself with
échapper à	to get away from, elude
afficher	to show, display
vif, vive	bright (colour)
répondre aux voeux de qn	to meet, fulfil sb's wishes
la flore	flora, plants of a region
une médiathèque	multimedia library

Note explicative

Océanopolis maritime museum situated on the south coast of Brittany, near the port of Brest

Présentation orale

En petits groupes, réalisez et présentez une étude détaillée des sept thèmes suivants. (10–15 minutes)

---

1 Le pouvoir d'attraction du site d'Océanopolis.
2 Les démonstrations organisées pour les visiteurs.
3 Les films que l'on passe aux visiteurs sur la faune marine.
4 La clinique, son travail et son programme de recherche.
5 Le thème choisi pour la prochaine exposition.
6 Les projets d'animation prévus pour l'avenir.
7 L'accès au centre et les services offerts aux visteurs.

Interview 1

A l'aide de cette étude, interviewez le directeur d'Océanopolis sur la création, l'organisation et les projets d'avenir du centre. (8–10 minutes)

Interview 2

A partir des renseignements recueillis, interviewez un visiteur sur sa journée passée en famille au centre. (8–10 minutes)

Reportage

En vous basant sur ces interviews, rédigez un article sur Océanopolis, ses animations et ses visiteurs pour un journal de publication en langue anglaise. (150–180 mots)

3E
t h è m e

Lille yesterday and tomorrow

Etude lexicale

A l'aide d'un dictionnaire, donnez en anglais l'équivalent des mots-clés suivants.

arrosé, e de	flambant neuf, neuve
l'aspect futuriste	en forme de
avoir lieu	une manifestation
une bonne bière	un petit conseil
une braderie	en plein air
une buvette	remonter dans le temps
caractériser	une salle de 2 000 places
la concurrence est vive	tenter sa chance
déguster	de tout le pays
faire le tour de	unique en son genre

Visite guidée

En vous reportant à votre étude lexicale, traduisez le texte ci-dessous en français.

On today's programme

Good morning, ladies and gentlemen, and welcome to Lille. My name is Julie Vincent and I'll be your guide today for the tour around our city. We're going to the Aéronef this morning, the construction which best typifies the futuristic side of Lille, whilst we'll go back in time this afternoon when we try our luck in the famous street market.

The Aéronef is a concert hall housed in a brand new building in the shape of an airplane sitting on top of the Euralille shopping centre, close to the modernistic Lille Europe station. The fuselage comprises the main auditorium with seating for 2,000, as well as several smaller halls, a bar and a refreshment area. You'll be able to choose between all the artistic activities this evening; theatre or film, dance or rock music. We shall go round the Braderie de Lille this afternoon, the enormous open-air market which is held during the first weekend in September, doubtless the main aim of your visit. Our street market is a one-off event, the biggest in Europe, and is visited every year by two million collectors from all over the country. The competition in clothing, antiques, paintings and drawings is very keen. A little word of advice: when you're tired, find a bar and try our regional specialities – mussels and chips – washed down with a good glass of beer.

3F

e n q u ê t e

La civilisation des loisirs

Travail collectif

En petits groupes, discutez les 10 thèmes suivants.
(15–20 minutes)

1 La réduction du temps de travail.
2 L'accroissement du temps libre.
3 Des activités de loisirs plus diversifiées.
4 La fréquentation des musées et des parcs de loisirs.
5 Les grandes réalisations technologiques de notre temps.
6 La faune et la flore du monde entier.
7 Le rôle dominant de la musique et de l'audiovisuel.
8 L'engouement croissant pour les jeux d'argent ou de hasard.
9 Le succès des jeux instantanés.
10 La quête d'un moyen d'échapper à la réalité.

Sondage

En vous basant sur ces discussions, effectuez un sondage d'opinion sur les comportements actuels en matière de loisirs et de détente.

1 Pour préparer votre sondage, composez un questionnaire qui vous permettra de recueillir des réactions sur le vif. (8–10 questions)

2 A partir de ce questionnaire, interrogez une dizaine de personnes sur le thème proposé. (15–20 minutes)

3 Présentez vos conclusions en faisant une conférence avec support visuel. (8–10 minutes)

4 Ecrivez un reportage sur les résultats de ce sondage pour un magazine de publication en langue française. (200–250 mots)

Tentez votre chance!

4

Problèmes sociaux

o p i n i o n s

L'insertion des jeunes

Laurent, comment vois-tu l'insertion des jeunes aujourd'hui?
En ce moment, le problème de l'insertion des jeunes dans la société française est énorme. Non pas qu'ils rejettent la société comme ce fut le cas dans les années soixante, mais plutôt que la société les rejette. C'est une situation que les jeunes ne sont pas seuls à trouver inadmissible.

Il faut savoir que lorsque l'on est jeune en France, on a beaucoup de mal à trouver un emploi. Les employeurs refusent souvent les jeunes parce qu'ils manquent d'expérience, et comme on ne leur donne pas la chance d'en acquérir à travers un emploi, c'est un véritable cercle vicieux. Les jeunes sont deux fois plus touchés par le chômage que les autres tranches d'âge. Résultat, les jeunes courent de stage en stage, non rémunéré évidemment, afin d'acquérir de l'expérience. Mais cela, c'est pour les plus chanceux, ceux qui ont des diplômes.

Ceux qui n'ont pas de diplômes, eux, galèrent d'un petit boulot à mi-temps à un autre, lesquels durent rarement plus de quelques mois. Comme ils n'ont pas d'emploi fixe, ils ne peuvent se permettre de louer un appartement ni de fonder une famille. Il faut également savoir qu'entre les écoliers, les étudiants, les appelés du contingent et les chômeurs, seuls 15% des jeunes de 15 à 25 ans travaillent. C'est une honte pour notre gouvernement et un désastre pour notre pays.

Isabelle, partages-tu les opinions de Laurent?
Oui, tout à fait, les jeunes ont de plus en plus de mal à trouver leur place dans la société qui les entoure. Comme Laurent l'a dit, ce sont eux qui sont les plus touchés par le chômage. Pas assez diplômés, trop diplômés, pas d'expérience professionnelle; tout le monde est concerné par le chômage. Le premier emploi est particulièrement difficile à décrocher; il faut passer de nombreux entretiens, être en compétition avec de nombreux autres candidats.

Pour améliorer les choses, il faudrait tout d'abord interdire les stages non rémunérés où les jeunes sont productifs, donc prennent un emploi, sans pour autant être payés. Il faudrait ensuite supprimer toutes les pseudo-aides à l'emploi qui ne servent à rien si ce n'est qu'à enrichir les patrons. L'argent ainsi économisé pourrait aller à la formation des jeunes, par exemple.

Financièrement parlant, la situation reste calamiteuse: pas ou peu de revenu, cela veut dire ne pas pouvoir s'assumer. De nombreux jeunes sont obligés de vivre chez leurs parents le plus longtemps possible. Ils ne sont pas encore indépendants, et se sentent exclus. Psychologiquement parlant, la situation des jeunes est encore pire. Quelle est leur place dans une société qui valorise le travail si l'on ne peut pas travailler? Comment être heureux si l'on a pour seul avenir une série de petits boulots mal rémunérés, de stages non rémunérés ou le RMI?

Note explicative

le RMI: le revenu minimum d'insertion minimum benefit paid to those with no other source of income

Opinions partagées

En petits groupes, discutez vos opinions sur les thèmes suivants. (10 minutes)

> ■ les diplômés et les non diplômés
> ■ les tranches d'âge
> ■ les stages non rémunérés
> ■ les petits boulots à mi-temps
> ■ le premier emploi
> ■ les mesures à prendre

Présentation

En vous aidant de ces discussions, faites un exposé oral sur la tendance actuelle qui vous inquiète le plus. (5 minutes)

Lexique

l'insertion (f)	integration (into society, work)
comme ce fut le cas	as was the case
inadmissible	unacceptable, intolerable
avoir beaucoup de mal à	to find it very difficult to (do sth)
un emploi	job
manquer de	to lack, be lacking in
donner la chance de	to give the chance, opportunity to
acquérir	to acquire, gain (experience)
véritable	true, real
toucher	to touch, affect
le chômage	unemployment
une tranche d'âge	age bracket
un stage non rémunéré	unpaid work experience
évidemment	of course
un,e chanceux,-euse	lucky man, woman
un diplôme	diploma, qualifications
galérer	to struggle, slave away
un boulot à mi-temps	part-time job
durer	to last
louer	to rent (a flat)
fonder une famille	to get married, start a familly
les appelés du contingent	conscripts
un chômeur	unemployed person
une honte	shame, disgrace
entourer	to surround
un,e diplômé,e	graduate, qualified person
décrocher	to get, land (a job)
un entretien	(job) interview
un,e candidat,e	applicant (for a job)
améliorer	to improve
interdire	to ban, prohibit
sans pour autant	without necessarily (doing sth)
supprimer	to abolish, remove
une pseudo-aide	false help, assistance
ne servir à rien	to be useless, serve no useful purpose
enrichir	to make (sb) rich
un patron	boss, owner
économiser	to save (money)
la formation	training
calamiteux,-euse	disastrous
le revenu	income
vouloir dire	to mean
s'assumer	to come to terms with oneself
se sentir exclu,e	to feel excluded, left out
encore pire	even worse
valoriser	to make (work) attractive

4B

i n t e r v i e w

La lutte contre l'illettrisme

Vous allez entendre une interview de Béatrice Courtel qui, à près de 30 ans, a suivi un stage de remise à niveau.

Compréhension

Répondez en français aux questions suivantes.

1 A quel âge Béatrice a-t-elle quitté l'école? Pour quelles raisons?

2 Pourquoi regrette-t-elle d'avoir abandonné ses études à cet âge?

3 Quel était son niveau scolaire avant de suivre le stage de remise à niveau?

4 De quoi Béatrice avait-elle honte?

5 A quels obstacles s'est-elle heurtée avant d'être acceptée?

6 De quelle façon ce stage a-t-il aidé Béatrice à rattraper son retard scolaire?

7 Quel problème familial ce stage lui a-t-il posé?

8 Comment les cours étaient-ils organisés?

9 Béatrice a-t-elle eu du mal à reprendre ses études? Expliquez.

10 Comment les enfants de Béatrice ont-ils profité des études de leur mère?

Notes explicatives

RMiste from **RMI: Revenu minimum d'insertion** minimum benefit paid to those with no other source of income

ANPE: Agence nationale pour l'emploi job centre

Lexique

un stage de remise à niveau	refresher course
tomber sur	to come across, get
se rendre à	to go (somewhere)
pousser	to encourage, urge (sb to do sth)
la lecture	reading
une faute d'orthographe	spelling mistake
avoir honte	to be ashamed
le calcul	arithmetic
être nul, nulle	to be hopeless, useless
la galère	hell, difficult situation
une formation	training
un,e RMiste	person receiving minimum benefit payment
se dérouler	to take place, proceed, go
rattraper	to catch up, make good
nettement	clearly, markedly
s'améliorer	to improve
au niveau de	concerning, as regards
un emploi du temps	(school) timetable
un gamin	young child
à part ça	apart from that
l'accord du participe passé	agreement of the past participle
revoir	to go over, revise
se remettre dans le bain	to get back into the swing of things
retenir	to remember, take in
sinon	otherwise, or else
risquer de	to be likely to
s'en mordre les doigts	to kick oneself for sth

La lutte contre l'illettrisme

Une interview de Béatrice Courtel qui, à près de 30 ans, a suivi un stage de remise à niveau.

Quels sont vos souvenirs d'école?

Je n'ai jamais aimé l'école. J'avais peur d'aller en classe parce que je suis toujours tombée sur des maîtres mauvais. Ils me frappaient, j'étais terrorisée, je pleurais pour ne pas me rendre à l'école. A 15 ans, j'ai tout abandonné. Mais quand j'ai eu mes enfants, j'ai regretté de ne pas avoir fait d'études plus longues.

Ce sont vos enfants qui vous ont poussée à retourner, à près de 30 ans, sur les bancs de l'école?

Oui, j'étais malheureuse de ne pas pouvoir les aider. En lecture ça allait, mais en français c'était la catastrophe. J'écrivais comme ça se prononce, en phonétique; je faisais des fautes d'orthographe à chaque mot. Quand il fallait remplir un papier, j'avais honte et je demandais à quelqu'un d'écrire à ma place. En calcul aussi, j'étais nulle. Quand mes enfants, qui ont 10, 9 et 4 ans, me demandaient de les aider, de leur expliquer quelque chose, j'en étais incapable. J'inventais toujours un prétexte. C'était la honte.

Avez-vous trouvé facilement un stage de remise à niveau?

Ça a été la galère. Pendant des années, j'ai cherché une formation. Ça ne marchait jamais. Une fois, il fallait être étranger; une autre fois, on me demandait d'être RMiste; la troisième fois, il fallait être femme isolée. L'ANPE m'a fait passer un test pour voir si j'avais vraiment besoin de cette formation et j'ai accepté. Enfin.

Comment s'est déroulé le stage?

C'était super! J'ai bien rattrapé. Maintenant, je connais les tables de multiplication, je n'ai plus besoin de compter sur mes doigts, et mon orthographe s'est nettement améliorée. Les cours avaient lieu de 9 h à 17 h. Ce n'était pas facile au niveau de l'emploi du temps. Lorsque je rentrais à la maison, le soir, il fallait s'occuper des gamins. Pendant les cours, nous étions cinq en tout. Normalement, nous devions être 15, mais on n'a pas trouvé assez de volontaires. A part ça, c'était des cours normaux avec un professeur, un tableau, des cahiers. On avait des leçons de français où on apprenait les principales règles de grammaire, l'accord du participe passé, par exemple. Et puis aussi des cours de mathématiques pour revoir les tables, les divisions, etc.

Avez-vous trouvé difficile de reprendre les études?

C'est dur de se remettre dans le bain quand on a arrêté pendant si longtemps. Tous les soirs, j'avais mal à la tête. Au début, je n'arrivais pas à retenir ce que l'on nous enseignait et je ne comprenais pas grand-chose. Mais les profs ont été patients et gentils. Des gens formidables. Vous pouviez leur parler, ils vous écoutaient.

Comment ont réagi vos enfants quand vous leur avez annoncé que vous alliez reprendre des études?

Ils se sont montrés très intéressés, très motivés. Tous les jours, ils regardaient mon cahier pour voir ce que je faisais. Parfois, on avait fait les mêmes exercices, ça les amusait. Je crois que, d'une certaine façon, ils aiment mieux l'école maintenant. Ils ont compris qu'il faut étudier quand on est enfant sinon on risque de s'en mordre les doigts plus tard.

Propos recueillis par Muriel Frat,
Le Figaro, 17–18 février 1996

Présentation

En fonction de vos réponses aux questions précédentes, faites un exposé oral sur les expériences de Béatrice Courtel au cours de son stage. (4–5 minutes)

Interview

Relisez le texte, puis interviewez une de vos connaissances sur un stage qu'elle a suivi, quelle que soit la nature du stage. (5–10 minutes)

Reportage

A l'aide des renseignements recueillis, rédigez un article sur l'utilité d'un stage de remise à niveau pour un journal de publication en langue française. (120–150 mots)

4C
l e s   g e n s

Alain: tenir jusqu'à la retraite

Sa station-service, Alain l'a depuis 22 ans: une enseigne Mobil installée dans l'une des grandes artères de Colombes avec neuf pompes à essence en libre-service et une petite supérette garnie de surgelés, de friandises et de tout l'attirail des pièces détachées de voitures. Ici, on est chez soi, comme dans un petit commerce de quartier où les conversations s'éternisent à la caisse, où les habitués viennent klaxonner leur bonjour en passant, où tout le monde se connaît.

«Des clients m'ont laissé leur voiture sur le parking tout le mois d'août en attendant que je rouvre le garage. C'est chez moi qu'ils voulaient faire leurs réparations!», claironne le propriétaire dans sa petite moustache grisonnante. Pourtant, l'entreprise d'Alain souffre et, derrière sa caisse, madame grimace en faisant ses comptes. «Depuis le début de l'année, on sert 11 000 litres d'essence de moins par mois, admettent-ils, on ne sait même plus si l'on tiendra jusqu'à la retraite.»

Dehors, la file des voitures au ralenti s'éternise dans les bouchons du soir. «Avant, ils faisaient un détour chez moi pour remplir leur réservoir. C'était le bon temps, soupire Alain. Maintenant, ils continuent jusqu'à la grande surface la plus proche.» Impuissant, le patron constate: «Vendre de l'essence ne suffit plus aujourd'hui. Le peu d'argent que l'on y gagne est rogné par les frais de carte bleue que l'on doit payer en plus. Près de 4 000 francs le mois dernier.» Faute de mieux, cet ancien professeur d'escrime a mis les mains dans le cambouis.

Il répare les voitures, il vend toute la quincaillerie de la parfaite auto pour retenir la clientèle. Et même là, la concurrence des mastodontes de la distribution fait rage. «J'achète l'huile plus cher hors taxes qu'on ne la vend toutes taxes comprises dans les grandes surfaces.» Pour compenser les écarts de prix, il reste le service. «C'est notre seule arme: dans un supermarché, personne n'ira installer les bougies que vous venez d'acheter.» Mais même le savoir-faire n'est plus une garantie aujourd'hui. Alain le sait, lui qui est un vieux de la vieille. «Je ne recommencerais pas tout ça aujourd'hui. Le métier, c'est fini.»

Régis de Closets, Le Parisien, 27 octobre 1995

Lexique

la retraite	retirement
une enseigne	trade name
une grande artère	arterial road, main thoroughfare
une supérette	mini-market
garni,e de	stocked with
les surgelés (mpl)	frozen food
une friandise	delicacy, sweet
tout l'attirail	all the gear, paraphernalia
une pièce détachée	spare part
un commerce de quartier	local shop
s'éterniser	to drag on, go on forever
la caisse	till, cash desk
un,e habitué,e	regular (customer)
klaxonner	to sound (motor) horn
claironner	to proclaim, affirm
grisonnant, e	greying (hair, moustache)
faire ses comptes	to do one's accounts
tenir	to hold out, keep going
au ralenti	in slow motion, crawling along
un bouchon	traffic jam, tailback
soupirer	to sigh
impuissant,e	powerless
constater	to note, make an observation
rogner	to gnaw, whittle away
les frais (mpl)	costs, charges
faute de mieux	for want of something better
l'escrime (f)	fencing (sport)
le cambouis	(lubrification) grease
la quincaillerie	hardware
la concurrence	(commercial) competition
faire rage	to be rife
l'huile (f)	oil
hors taxes	exclusive of taxes
toutes taxes comprises	inclusive of tax
compenser	to compensate, offset
les écarts de prix	price differences
une arme	weapon
une bougie	spark plug
un vieux de la vieille	an old hand
un métier	profession, trade

Notes explicatives

Mobil   popular chain of petrol stations in France
Colombes   outer suburb to the north-west of Paris
le mois d'août   traditional month for the annual closure of numerous shops and services
la carte bleue   credit card, term taken from the card of a leading bank
les mastodontes   monsters, a label frequently given to super- and hypermarkets

Portrait

En utilisant les données ci-dessous, faites oralement le portrait d'Alain en tant que garagiste. (4–5 minutes)

> Une station-service – une grande artère – une petite supérette – les habitués – les comptes – les grandes surfaces – la carte bleue – le service – les réparations – la retraite.

Interview

A partir de ce portrait, interviewez Alain sur son métier, sa clientèle et la concurrence des grandes surfaces. (5–10 minutes)

Reportage

A l'aide de cette interview, rédigez un article sur les perspectives d'avenir d'un petit garagiste pour un journal de publication en langue anglaise. (120–150 mots)

Un petit problème mécanique

4D

r e p o r t a g e

Un dispositif pour les sans-abri

Ils sont là, attablés devant un café ou un jus de fruit. Ils lisent les journaux. Deux d'entre eux ont entamé une partie de Scrabble. On se croirait dans un café de province. En réalité, nous sommes à la Boutique de solidarité, ouverte dans le XIIe depuis le mois de mai par le Centre d'action sociale pour répondre aux besoins des SDF qui ne savent pas où aller dans la journée. Les «clients» de cette cafétéria pas comme les autres ont eu la surprise, hier en fin de matinée, de recevoir la visite du maire de Paris, venu se rendre compte par lui-même du fonctionnement d'un certain nombre de lieux d'accueil qui font partie du dispositif parisien d'aide aux sans domicile fixe.

Jean Tiberi, qui a visité hier matin plusieurs centres permanents d'accueil, de soins et d'aide à l'insertion, a annoncé les nouvelles mesures prises à Paris pour que l'hiver soit plus clément à ceux qui sont les plus démunis. 2 900 places, soit 800 de plus que l'an dernier, devraient être disponibles dans le cadre du dispositif Paris-Hiver-Solidarité qui sera opérationnel à partir de lundi prochain 15 octobre. Elles s'ajouteront au dispositif de 3 500 places qui fonctionne toute l'année. Le Centre d'action social de la Ville de Paris offre, pour sa part, près de 1 300 places en centres d'hébergement et en centres d'urgence mis à la disposition du Samu social, dont 110 lits infirmiers pour les soins médicaux de nécessité immédiate.

Que ce soit dans cette Boutique de solidarité où l'on reçoit des adultes, ou au centre municipal George-Sand (XXe) réservé aux jeunes de 18 à 27 ans, ou à celui de la rue de Crimée réservé aux jeunes femmes, mères de famille ou non on poursuit le même but: donner à ceux qui n'ont plus rien la possibilité de se laver, de laver leur linge, de souffler un peu, de manger, de dormir. Mais également les prendre en charge sur le plan médical, psychologique, social. Leur expliquer comment ils peuvent faire des démarches pour obtenir les aides auxquelles ils ont droit, et dont, le plus souvent, ils ignorent l'existence.

Dans les centres d'accueil et d'hébergement d'urgence, on trouve des hommes et des femmes de tous horizons: des Parisiens, mais aussi des provinciaux et même des étrangers. «On ne demande aucun papier, explique notamment le directeur du centre George-Sand. Nous sommes là pour recevoir, jour et nuit, ceux qui viennent chercher un lit, un réconfort. Nous faisons le diagnostic de leur situation et nous essayons de trouver une solution. Nous les dirigeons ensuite sur des centres de plus long séjour.»

Françoise Varenne, *Le Figaro*, 14–15 octobre 1995

Lexique

un dispositif	operation, system (of measures to be taken)
un sans-abri (inv)	homeless person
entamer	to begin, start
une partie	game
on se croirait	you'd think you were
pas comme les autres	unlike any other
se rendre compte de	to assess, take stock of
un lieu d'accueil	reception centre
les soins (mpl)	care, treatment
l'insertion (f)	(social) integration
clément,e	mild (weather)
démuni,e	impoverished, penniless
soit	that is
disponible	available
dans le cadre de	within, as part of
s'ajouter à	to be added to
l'hébergement (m)	accommodation
mettre à la disposition de	to make available to (sb)
un lit infirmier	nursing bed
poursuivre un but	to pursue an aim
souffler un peu	to take a breather
prendre en charge	to take care of, take into care
faire des démarches pour	to take steps to (do sth)
obtenir des aides	to obtain (financial) assistance
de tous horizons	from all backgrounds
un réconfort	comfort
diriger sur	to send (sb somewhere)
un séjour	stay (in a centre)

Notes explicatives

les SDF: les sans domicile fixe   people of no fixed
   abode
le XIIe, le XXe: adjacent districts to the east of Paris
la Ville de Paris   the Paris city council
**le Samu: le Service d'assistance médicale d'ur-
gence**   mobile emergency medical service

Présentation orale

En petits groupes, réalisez et présentez une étude
détaillée des sept thèmes suivants. (10–15 minutes)

---

1 L'ouverture de la Boutique de solidarité.
2 La visite du maire de Paris.
3 Les nouvelles mesures mises en place par le
   maire.
4 La totalité des places offertes aux SDF à Paris.
5 Les différentes catégories de centres d'accueil.
6 Leurs objectifs sanitaires, médicaux et sociaux.
7 Les centres d'accueil et d'hébergement
   d'urgence.

Interview 1

A l'aide de cette étude, interviewez le directeur du
centre municipal George-Sand sur l'organisation
du centre, les sans-abri qui le fréquentent et les
soins dont ils ont besoin. (8–10 minutes)

Interview 2

A partir des renseignements recueillis, interviewez
un jeune SDF sur les raisons pour lesquelles il se
trouve dans un centre d'accueil et l'aide qu'il est
venu y chercher. (8–10 minutes)

Reportage

En vous basant sur ces interviews, rédigez un article sur les nouvelles mesures mises en place à Paris
afin d'apporter une aide aux démunis pour un
journal de publication en langue anglaise.
(150–180 mots)

4E
thème

Illiteracy and social exclusion

Etude lexicale

A l'aide d'un dictionnaire, donnez en anglais l'équivalent des mots-clés suivants.

adapté,e à son niveau	une humiliation quotidienne
ce qui m'inquiète	une incapacité à
certes	s'insérer dans la société
l'éducation nationale	lutter contre
élaborer une stratégie	un ouvrage de référence
éprouver des difficultés à	provenir de
l'exclusion sociale	remédier à
faire preuve de	remettre en question
faire tout son possible pour	remplir un formulaire
du fait de	un stage de remise à niveau

Entretien

En vous reportant à votre étude lexicale, traduisez le texte ci-dessous en français.

DENISE MAYNARD, EDUCATION ADVISER

With three million illiterate adults, you can't deny that this figure casts a doubt over state education in France?

First of all, it must be recognized that illiteracy is not a new phenomenon. Admittedly, for those people who have serious difficulties in reading and writing, it has become a major factor in social exclusion today. What I find most worrying is that, despite all the initiatives which have been undertaken, illiteracy continues to grow. Above all, we must try to show understanding towards people who lead a daily life of humiliation due to their inability to read a newspaper like everybody else, to write a cheque or fill in a form.

Does the proposal to develop a government strategy mean that France has finally recognized the seriousness of the situation?

Precisely, you can't fight illiteracy without knowing exactly what the origins and the extent of the problem are. Illiteracy represents a growing handicap but it is hard to remedy as people do their utmost to hide their problems in public. So they have great difficulty in finding a job or integrating themselves into society. We must set up training centres, ask libraries to carry reference works suitable for their level, and encourage firms to give jobs to people when they have completed a refresher course.

e n q u ê t e

L'insertion sociale des jeunes

Travail collectif

En petits groupes, discutez les 10 thèmes suivants.
(15–20 minutes)

1. L'errance des jeunes gens sans diplôme.
2. Les arrêtés municipaux antimendicité.
3. Les jeunes femmes et les mères de famille.
4. L'aide aux sans domicile fixe sans ressources.
5. Le Samu social et les soins médicaux.
6. Les centres d'accueil et d'hébergement d'urgence.
7. Un logement, une formation et un emploi.
8. Un stage de remise à niveau.
9. L'aide à l'insertion dans la société.
10. Le dispositif Paris-Hiver-Solidarité.

Interview

En vous basant sur ces discussions, interviewez Luc Plantier, maire d'une ville moyenne, sur les mesures prises dans sa ville en faveur de l'insertion sociale et professionnelle des jeunes.

1. Pour préparer cette interview, composez un questionnaire sur le thème proposé. (8–10 questions)

2. Avant l'interview, vous présentez à un(e) collègue les idées que vous voulez aborder avec Luc Plantier, ainsi que l'orientation générale de l'entretien. (5–10 minutes)

3. A partir de cette préparation, interviewez Monsieur Plantier dans son bureau à l'Hôtel de Ville en enregistrant l'interview. (15–20 minutes)

4. Rédigez une version éditée de cette interview pour un magazine de publication en langue française. (200–250 mots)

L'intérim, ça marche!

o p i n i o n s

Santé et protection sociale

Isabelle, quels sont actuellement les problèmes de santé qui t'inquiètent le plus?

Tout d'abord, le tabagisme: les filles aussi bien que les garçons commencent à fumer de plus en plus jeunes. Les gens ont l'habitude de fumer partout, malgré la législation qui interdit de fumer dans les lieux publics. En conséquence, le nombre de maladies résultant du tabagisme (cancers, bronchites chroniques) est assez élevé.

L'alcoolisme prend aussi des dimensions alarmantes. La France est un pays où l'on pense qu'«un petit verre de vin n'a jamais fait de mal à personne». Mais la banalisation de l'alcool est particulièrement répandue chez les jeunes pour qui sortir et s'amuser passe en général par une consommation intensive d'alcools variés. Cette tendance risque d'ailleurs d'aller en s'accroissant avec l'arrivée récente sur le marché des «premix» (boissons soda alcoolisées, type Hooch).

Quant à la toxicomanie, elle ne touche pas que les milieux défavorisés. Chez les jeunes, le cannabis et autres drogues dites «douces» sont largement répandus. L'ecstasy remporte de plus en plus les faveurs de certains jeunes, en particulier au cours des soirées rave. Dans les milieux du show-business, la cocaïne est plus répandue. C'est dans les grandes villes que la consommation de drogues «dures» est la plus importante. Avec elle, plane bien souvent l'ombre du SIDA, qui touche un toxicomane par voie intraveineuse sur deux à Paris.

Laurent, quelle est ton attitude envers le système de protection sociale?

Je pense très sincèrement qu'en France, nous avons un excellent système de protection sociale où les riches comme les plus pauvres sont protégés. Lorsque vous allez voir votre médecin, et que vous êtes malade, il va vous donner des médicaments immédiatement. De plus, les frais médicaux sont remboursés de 75% à 100%, et les frais pharmaceutiques de 40% à 100%. Aucun doute là-dessus, le malade français est très bien suivi, peut-être trop bien suivi, disent certains.

En effet, certaines personnes, sachant que tout ou presque leur sera remboursé n'hésitent pas à faire appel au médecin pour un oui ou pour un non. Résultat, les boîtes de médicaments s'entassent dans les armoires à pharmacie. Tout ceci, évidemment, coûte cher à la Sécurité sociale qui se retrouve régulièrement depuis 20 ans avec un déficit de plusieurs dizaines de milliards de francs.

Par conséquent, certains souhaitent modifier notre système de protection sociale afin qu'il soit moins onéreux pour la collectivité. Une des propositions vise à brider les médecins dans leur distribution de médicaments. Si l'intention peut paraître louable à première vue, il faut avancer avec la plus grande prudence. Car notre pays risquerait alors d'avoir un système où médicaments et visites chez le médecin seraient accordés au compte-gouttes.

Notes explicatives

la protection sociale the French social welfare system

le SIDA: Syndrome immunodéficitaire acquis AIDS

la Sécurité sociale the French national health and pensions organisation

un milliard a billion (one thousand million)

Opinions partagées

En petits groupes, discutez vos opinions sur les thèmes suivants. (10 minutes)

- le tabagisme parmi les jeunes
- la banalisation de l'alcoolisme
- la montée de la toxicomanie
- la modification du système de protection sociale
- le déficit de la Sécurité sociale
- le contrôle de la distribution des médicaments

Présentation

En vous aidant de ces discussions, faites un exposé oral sur la tendance actuelle qui vous inquiète le plus. (5 minutes)

Lexique

la santé	health
actuellement	at present, at the moment
inquiéter	to worry, concern (sb)
tout d'abord	first of all
le tabagisme	tobacco addiction
avoir l'habitude de	to be used to (doing sth)
malgré	despite, inspite of
interdire	to ban, prohibit
un lieu public	public place
élevé,e	high (number)
faire du mal à	to hurt (sb)
la banalisation	making (sth) more commonplace
répandu,e	widespread
s'amuser	to enjoy oneself, have a good time
une consommation	consumption, drinking
un alcool	alcoholic drink
risquer de	to be likely to
d'ailleurs	besides, moreover
s'accroître	to grow, increase
une boisson alcoolisée	alcoholic drink
quant à	as for, concerning
la toxicomanie	drug addiction
toucher	to affect, hit
un milieu défavorisé	disadvantaged area, region
remporter les faveurs de	to be popular among
une soirée	(evening) party
planer	to hang (of menace)
une ombre	shadow
un,e toxicomane par voie intraveineuse	intravenous drug addict
un médicament	medicine
les frais (mpl)	costs, expenses
rembourser	to refund
aucun doute là-dessus	no doubt about it
le suivi d'un malade	follow-up care for a patient
faire appel à	to call upon (the services of sb)
pour un oui ou pour un non	for the slightest thing
s'entasser	to pile up (of objects)
une armoire à pharmacie	medicine cabinet
modifier	to change, alter
onéreux,-euse	costly, expensive
la collectivité	community
une proposition	proposal
viser à	to aim at (doing sth)
brider	to curb, control
louable	commendable, praiseworthy
à première vue	at first sight
avancer avec prudence	to proceed with caution
accorder	to give, grant
au compte-gouttes	sparingly

5B
Interview

Un rapport volumineux sur l'adoption

Vous allez entendre une interview de Jean-François Mattei, professeur de médecine et député des Bouches-du-Rhône, sur l'adoption en France.

Compréhension

Répondez en français aux questions suivantes.

1 Quel a été l'objectif principal du rapport préparé par Jean-François Mattei?

2 La plupart des enfants placés dans des foyers sont-ils adoptables? Pourquoi?

3 Combien de ces enfants trouvent des parents adoptifs? Pourquoi?

4 Pour le couple stérile, quelle distinction fondamentale existe-t-il entre la procréation médicalement assistée et l'adoption?

5 De quelle façon l'adoption provient-elle d'une situation aussi pénible pour l'enfant que pour le couple?

6 Est-il facile d'obtenir un agrément départemental? Quels problèmes cette procédure risque-t-elle de provoquer?

7 Quelle situation mènerait à des difficultés en ce qui concerne l'agrément?

8 Selon l'avis de Jean-François Mattei, comment faudrait-il remédier à cette situation absurde?

9 Serait-il souhaitable pour la mère que son identité soit révélée? Pourquoi?

10 Quel serait le cas pour l'enfant? Expliquez.

Notes explicatives

les Bouches-du-Rhône department on the south coast of France

un candidat à l'adoption applicant seeking to adopt a child

l'Isère department in the south-east of France

Lexique	
un député	deputy, member of parliament
effectuer une enquête	to carry out a survey, inquiry
susciter	to raise, give rise to
s'indigner	to be indignant, outraged
un foyer	home, hostel
un tiers	third
soit ... soit ...	either ... or ...
une fratrie nombreuse	large number of brothers and sisters
une exigence	demand, requirement
avoir recours à	to have recourse to, resort to
la procréation médicalement assistée	assisted reproduction
prendre le relais de	to take over from
la fécondation in vitro	in vitro fertilization
effectuer un basculement	to make a swing, change
une démarche sereine	easy, troublefree step
reposer sur	to be based on
une souffrance	suffering
un parcours de combattant	obstacle course
se dérouler	to take place, proceed
un agrément départemental	approval at departmental level
déménager	to move (house)
recommencer à zéro	to start (sth) again from scratch
valable	valid
à l'échelon national	on a national level, nationally
se prononcer pour	to be, declare oneself in favour of
accoucher	to give birth
voire	or even
recourir à	to have recourse to, resort to
le maintien de l'anonymat	preserving anonymity
accéder à	to have access to, obtain
un impératif	need, necessity
la construction de soi	reconstruction of oneself

Un rapport volumineux sur l'adoption

Une interview de Jean-François Mattei, professeur de médecine et député des Bouches-du-Rhône.

Vous venez de rendre au Premier ministre un volumineux rapport sur l'adoption. Dans quel but avez-vous effectué cette enquête?

J'ai mesuré, à l'occasion de ce rapport, combien l'adoption suscitait de certitudes, parfois justes, parfois complètement fausses.

Pourriez-vous nous donner quelques exemples d'idées fausses?

Beaucoup de gens s'indignent parce qu'il y a 90 000 enfants malheureux placés dans des foyers et que 4 000 seulement d'entre eux sont adoptables. C'est une idée fausse, parce que 86 000 d'entre eux sont placés à titre temporaire, pour des raisons judiciaires ou à la demande des familles.

Mais l'adoption ne serait-elle pas, justement, une meilleure solution pour certains d'entre eux?

Seulement un tiers des enfants à adopter le sont effectivement. Les autres ne trouvent pas de parents, soit parce qu'ils ont plus de sept ans, soit parce qu'ils sont handicapés, soit qu'ils sont membres d'une fratrie nombreuse que l'on ne veut pas séparer. S'il y en avait, parmi les 86 000 placés provisoirement, qui devenaient adoptables, beaucoup seraient dans ce cas, et ne trouveraient donc pas de famille. Ce qui signifie que beaucoup de candidats à l'adoption associent à leur générosité certaines exigences.

Pourtant, la majorité des candidats à l'adoption ont eu recours, sans succès, à la procréation médicalement assistée . . .

C'est certain, mais l'adoption ne prend pas le relais de la fécondation in vitro. Car la procréation médicalement assistée consiste à donner un enfant à un couple stérile. L'adoption, c'est le contraire: donner des parents à un enfant. Il faut que les couples effectuent ce basculement s'ils veulent réussir l'adoption, qui ne sera jamais une démarche sereine, car elle repose sur une double souffrance: l'abandon pour l'enfant, la stérilité pour les parents.

Pourriez-vous nous donner aussi quelques idées justes sur l'adoption?

L'adoption ressemble, en effet, à un parcours du combattant. Pendant neuf mois, se déroule une enquête qui doit donner lieu à un agrément départemental. Mais, si vous déménagez, et changez de département, il faut recommencer à zéro. Ce qui signifie que l'agrément valable dans les Bouches-du-Rhône, par exemple, ne l'est pas dans l'Isère, mais l'est en Roumanie ou en Colombie. Il faudra créer un agrément valable à l'échelon national pour mettre fin à cette absurdité.

Vous vous prononcez pour le secret des origines?

Je pense que donner à tout prix l'accès à l'identité de la mère peut se révéler dangereux, et conduire ces femmes, qui sont 700 chaque année, à accoucher dans des conditions extrêmes, voire à recourir à l'infanticide. Le maintien de l'anonymat me paraît donc la moins mauvaise des solutions. Cela dit, je pense que chacun a le droit d'accéder à son histoire, et pourrait connaître la région d'où il vient, l'âge de sa mère, la raison de son abandon, son milieu social d'origine, afin de répondre à l'impératif selon lequel il n'y a pas de construction de soi sans histoire personnelle.

Propos recueillis par Sophie Coignard,
Le Point, 11 février 1995

Présentation

En fonction de vos réponses aux questions précédentes, faites un exposé oral sur le rapport préparé par Jean-François Mattei au sujet de l'adoption en France. (4–5 minutes)

Interview

Relisez le texte, puis interviewez une de vos connaissances sur les raisons pour lesquelles elle s'est portée candidate à l'adoption. (5–10 minutes)

Reportage

A l'aide des renseignements recueillis, rédigez un article sur les démarches à suivre pour adopter un enfant en France pour un journal de publication en langue française. (120–150 mots)

5C

l e s   g e n s

Christiane remercie 1 000 Relais-Concarneau

L'antenne concarnoise de la confédération «1 000 relais santé sociaux» existe depuis bientôt un an. Son objectif: aider toutes les «victimes» de l'alcoolisme, c'est-à-dire les malades eux-mêmes, mais aussi leurs familles.

Christiane n'a jamais bu, mais l'alcool a fait beaucoup souffrir son couple. Marie-Christine et Micheline, qui connaissent bien le problème, sont venues la chercher. «Parce qu'on voyait bien qu'elle allait mal», expliquent-elles. «J'étais dépressive, je broyais du noir, avoue Christiane. Ici, j'ai trouvé du réconfort. Les relations sont sincères et profondes. On a beaucoup parlé ensemble, et ça m'a fait du bien. Depuis, j'ai considérablement changé. Je revis, je ne suis plus la même.»

Venir la première fois est certainement le plus difficile, estime-t-elle. «Pour s'en sortir, il faut surtout avoir envie de vivre.» Elle a connu l'alcoolisme pendant plus de quinze ans. «La meilleure façon de s'en sortir c'est d'en parler, affirme-t-elle. Dans la société actuelle, c'est encore une honte. Or l'alcoolisme est une maladie. Moi, je ne veux plus vivre dans la honte.» En venant une fois par semaine à la permanence (tous les mercredis, de 14 h à 16 h), elle communique sa «pêche» aux autres. Les aider à se soigner, parler de son expérience aux familles. Parce que c'est son rôle, «c'est quelque chose d'humain».

Ouest-France, 20 avril 1995

Note explicative

Concarneau   a town on the south coast of Brittany; the adjective is **concarnois,e**

Lexique	
un relais	workshop, group
la santé	health
une antenne	branch (of organization)
faire souffrir	to cause suffering (to sb)
venir chercher	to come and get (sb)
broyer du noir	to brood
avouer	to admit, confess
le réconfort	comfort
faire du bien	to do (sb) good
revivre	to come alive again, start living again
s'en sortir	to pull through
actuel,-elle	present, today's
une honte	shame, embarrassment
la permanence	(manned) office
la pêche	good feeling, top form
se soigner	to look after oneself

Portrait

En utilisant les données ci-dessous, faites oralement le portrait de Christiane en tant que victime de l'alcoolisme. (4–5 minutes)

> Christiane et son couple – les victimes de l'alcoolisme – les familles des malades – la société actuelle – vivre dans la honte – Marie-Christine et Micheline – la confédération 1 000 relais santé sociaux – venir la première fois – parler de son expérience – communiquer sa «pêche».

Interview

A partir de ce portrait, interviewez Christiane sur sa lutte contre l'alcoolisme, sa vie de couple et le relais qu'elle fréquente à Concarneau.
(5–10 minutes)

Reportage

A l'aide de cette interview, rédigez un article sur la façon dont Christiane a confronté le problème de l'alcoolisme pour un journal de publication en langue anglaise. (120–150 mots).

Qu'est-ce que tu prends?

5D

r e p o r t a g e

Les Français aiment les pharmaciens

Pour 83% des Français les services rendus par leur pharmacien lors de la délivrance d'une ordonnance sont conformes à leur attente, et 9% les trouvent même supérieurs à leurs espérances. Un sondage Sofres, réalisé auprès de 1 003 adultes pour le Conseil central des pharmaciens d'officine, met en évidence un paradoxe. Alors que, globalement, les Français n'ont pas une bonne opinion des pharmaciens, ils apprécient le leur. Et ils lui font confiance.

Il y a plus de 22 000 officines sur notre territoire – donc plus que de bureaux de poste – qui assurent sept jours sur sept la distribution de médicaments. Partout en France, même en milieu rural, il ne faut pas plus de deux ou trois heures pour que soient livrés les produits qui ne seraient pas disponibles immédiatement.

Les pharmaciens se défendent d'être de simples «exécuteurs d'ordonnances». Leur responsabilité est d'ailleurs engagée lors d'accidents dus à la prise de médicaments non compatibles ou contre-indiqués. Mais si 88% des sondés estiment que ces professionnels contrôlent bien la dose journalière, seuls 62% pensent qu'ils s'inquiètent d'éventuelles interactions médicamenteuses, et 57% qu'ils vérifient l'absence de contre-indication. Erreur de perception ou réalité, le sondage ne le dit pas. Dans le même temps, plus de 90% jugent cette surveillance utile ou indispensable.

Les Français apprécient aussi une foule de petits services, pas obligatoires mais tellement pratiques: le collage des vignettes sur les feuilles de maladie, l'inscription de la posologie sur les boîtes de médicaments et le tiers payant. Ce dernier permet de ne débourser que la partie non remboursée par la Sécurite sociale: 88% des personnes le demandent, 82% des officines le proposent, malgré le surcroît de travail que cela occasionne.

Et puis, pour plus de 90% des personnes interrogées, la pharmacie doit être un lieu où l'on peut recevoir les premiers soins, trouver les coordonnées des médecins les plus proches, louer des appareils médicaux et même se faire porter gratuitement des médicaments à domicile si l'état de santé le nécessite. 71% des personnes interrogées demandent à leur pharmacien des conseils pour les problèmes de santé courants.

Une pharmacie dans le XVIème

Enfin, lorsqu'on leur demande s'ils souhaitent que leur pharmacien puisse, à l'avenir, prendre la tension, mesurer le taux de sucre dans le sang ou celui de cholestérol, les réponses sont positives dans respectivement 85%, 74% et 73% des cas. Or il s'agit là d'actes médicaux ou biologiques. Cela prouve bien que les pharmaciens sont considérés comme des professionnels de la santé à part entière. Un tel constat ne pourra que les réjouir.

Anne Jeanblanc, *Le Point*, 28 janvier 1995

Lexique

un pharmacien	(dispensing) chemist
lors de la délivrance	at the time of issue
une ordonnance	prescription
conforme à leur attente	in line with their expectations
réaliser un sondage	to carry out a survey
un conseil	advice; council, board
une officine	dispensary, pharmacy
mettre en évidence	to highlight
globalement	on the whole
faire confiance à	to have confidence in (sb)
sur notre territoire	ie in France
en milieu rural	in the country
livrer	to deliver
disponible	available
se défendre de	to deny
les sondés	those polled
s'inquiéter de	to be worried about (sth)
éventuel,-elle	possible
médicamenteux,-euse	medicinal
une surveillance	supervision, watch
une foule	mass, large number
le collage	attaching, sticking
la posologie	dosage
débourser	to pay out
non remboursé,e	not refunded
un surcroît de travail	extra work
occasionner	to cause
interroger	to question (for a survey)
les premiers soins	first-aid (treatment)
les coordonnées (fpl)	address and telephone number
un appareil médical	medical equipment
se faire porter à domicile	to have delivered to one's home
gratuitement	free (of charge)
courant,e	common, usual
prendre la tension	to take (sb's) blood pressure
le taux de sucre	(blood) sugar level
à part entière	in one's own right, fully
un constat	assessment, acknowledgement
réjouir	to delight

Notes explicatives

la Sofres: Société française d'enquêtes par sondage French national institute for market research and opinion polls

une vignette detachable label on medicines for reimbursement by the social security

une feuille de maladie form for reclaiming medical expenses from the social security office

le tiers payant direct payment by insurance for medical care

la Sécurité sociale French national health and pensions organization

Présentation orale

En petits groupes, réalisez et présentez une étude détaillée des sept thèmes suivants. (10–15 minutes)

1 L'étendue de l'enquête menée par la Sofres.
2 Le paradoxe détecté au cours de ce sondage.
3 La distribution des médicaments dans les officines.
4 L'appréciation du public à l'égard de leurs pharmaciens.
5 Les services non obligatoires rendus par les pharmaciens.
6 Les autres services sur lesquels les sondés insistent.
7 L'extension du rôle du pharmacien réclamée par les Français.

Interview 1

A l'aide de cette présentation, interviewez un pharmacien sur son officine, ses responsabilités professionnelles, et les services qu'il rend aux clients. (8–10 minutes)

Interview 2

A partir des renseignements recueillis, interviewez un(e) client(e) sur son pharmacien, les services rendus dans l'officine et les services souhaités à l'avenir. (8–10 minutes)

Reportage

En vous basant sur ces interviews, rédigez un article sur les pharmaciens français et leur clientèle pour un journal de publication en langue anglaise. (150–180 mots)

t h è m e

The dangers of alcohol

Etude lexicale

A l'aide d'un dictionnaire, donnez en anglais l'équivalent des mots-clés suivants.

à cela s'ajoute	dans les foyers
une amende forfaitaire	une hécatombe
un,e blessé,e grave	la limitation de vitesse
la conduite en état d'ivresse	un mort sur quatre
dépasser de loin	le port de la ceinture
dix fois plus de	la sécurité routière
être dû, due à	le taux d'alcoolémie
l'excès de vitesse	par temps de pluie
faire des ravages	en tête de liste
un fléau social	au volant

Reportage

En vous reportant à votre étude lexicale, traduisez le texte ci-dessous en français.

ALCOHOL KILLS

With almost 10,000 deaths every year and ten times as many people seriously injured, France remains the second country in Europe for road fatalities. Whilst Spain heads the list, France far exceeds all its other neighbours. The causes of this annual slaughter, which are well known, include speeding, refusing to fasten seat belts and, the most deadly of all, alcohol. Indeed, statistics show that 40% of road accidents in France are caused by drink driving. One other, even more worrying figure should be added: more than one person in four killed on the roads is aged between 15 and 24.

In order to fight against this social blight, the Transport Minister has just launched a new road safety campaign. The level of alcohol in the blood allowed while driving will be reduced, standard fines for speeding will be raised and speed restriction signs for driving in wet weather set up along motorways. Nor should it be forgotten that alcohol can wreak havoc in the home. Health groups have accordingly been set up to counsel victims of alcoholism; not only those who drink but other members of the family as well.

5F
Enquête

L'assistance médicale et sociale

Travail collectif

En petits groupes, discutez les 10 thèmes suivants. (15–20 minutes)

1 Le système de protection sociale.
2 Les problèmes de santé courants.
3 Les services rendus par les pharmaciens.
4 La distribution des médicaments.
5 Les dépenses de santé.
6 Les ravages de l'alcoolisme.
7 Les relais santé sociaux.
8 La procréation médicalement assistée.
9 Les candidats à l'adoption.
10 La sécurité routière.

Sondage

En vous basant sur ces discussions, effectuez un sondage d'opinion sur les besoins actuels en assistance médicale et sociale.

1 Pour préparer votre sondage, composez un questionnaire qui vous permettra de recueillir des réactions sur le vif. (8–10 questions)

2 A partir de ce questionnaire, interrogez une dizaine de personnes sur le thème proposé. (15–20 minutes)

3 Présentez vos conclusions en faisant une conférence avec support visuel. (8–10 minutes)

4 Ecrivez un reportage sur les résultats de ce sondage pour un magazine de publication en langue française. (200–250 mots)

DOSSIER

L'ère des mass médias

o p i n i o n s

La signalétique à la télévision

Isabelle, la signalétique va-t-elle changer ton comportement face aux programmes diffusés à la télévision?
Je ne comprends pas bien l'intérêt de cette nouvelle signalétique à la télévision. Elle remplace l'ancien carré blanc qui apparaissait à l'écran lorsqu'un film était jugé violent. Le nouveau système propose plusieurs symboles différents selon les degrés de violence: un rond vert, un triangle orange ou un carré rouge. Quels sont les critères utilisés pour déterminer ces degrés? Ils diffèrent probablement d'une chaîne à l'autre, puisque les chaînes n'ont même pas pu s'entendre sur une signalétique commune.

Personnellement, je préfère me faire ma propre opinion de ce que j'ai envie de regarder à travers la lecture des programmes télé. Un rond, un triangle, un carré ne changeront rien à mon comportement de téléspectatrice. Cette nouvelle signalétique est peu efficace et ira même à l'encontre du but recherché: elle n'a pas été instaurée pour réduire la violence mais pour la montrer du doigt. Le carré rouge risque donc d'attirer les jeunes téléspectateurs.

En ce qui concerne la tolérance à la violence télévisuelle, tout est subjectif: chacun connaît ses limites. Ainsi, je trouve que les différentes chaînes, plutôt que de proposer une nouvelle signalétique, devraient essayer de proposer des films moins violents, sans pour autant effectuer une censure ou proposer une télé aseptisée, ce qui serait la pire des solutions.

Laurent, partages-tu les opinions d'Isabelle?
Non, je dois dire que je ne suis pas d'accord avec Isabelle, surtout lorsqu'elle parle de l'inutilité de la nouvelle signalétique par rapport au bon vieux carré blanc. Tout le monde le sait, le carré blanc n'était plus utilisé par les différentes chaînes de télévision, et le système avait donc besoin d'un bon bain de jouvence.

La nouvelle signalétique a l'avantage de remettre à la une les avertissements sur la violence ou l'érotisme de tel ou tel programme. A l'image des feux tricolores, il est on ne peut plus clair: vert, on passe, orange, on freine, rouge, on s'arrête, trois signes pour trois degrés de «regardabilité», en permanence en bas et à droite de l'écran. N'oublions pas que toutes les enquêtes nous montrent que huit téléspectateurs sur dix considèrent qu'il y a trop de violence à la télé.

Qui plus est, cela est un atout considérable pour les parents souhaitant empêcher leurs enfants de regarder des programmes choquants. «Si j'avais su qu'il y avait des scènes comme ça, entend-on trop souvent à la maison, je n'aurais pas permis aux enfants de regarder le programme. Ils auraient pu l'indiquer dans le magazine.» Qu'on se le dise, deux avis valent mieux qu'un. Si les enfants eux-mêmes ne sont pas d'accord, voilà une raison de plus pour avoir un avis indépendant.

Opinions partagées

En petits groupes, discutez vos opinions sur les thèmes suivants. (10 minutes)

- la tolérance à la violence télévisuelle
- le bon vieux carré blanc
- l'utilité de la nouvelle signalétique
- les risques du carré rouge
- le rôle des parents
- le refus d'une télévision aseptisée

Présentation

En vous aidant de ces discussions, faites un exposé oral sur le système de signalétique que vous souhaiteriez voir apparaître sur nos écrans. (5 minutes)

Lexique

une signalétique	means of signalling (information)
le comportement	behaviour
diffuser	to broadcast
remplacer	to replace, succeed
ancien,-ienne	old, former
un carré	square (figure)
un écran	screen
juger	to judge, consider
proposer	to suggest, put forward
selon	according to, depending on
un rond	circle (figure)
un critère	criterion
différer de	to differ from (sth else)
une chaîne	(television) channel
s'entendre sur	to agree upon
commun,e	common, joint
se faire une opinion sur	to form an opinion on
avoir envie de	to want to (do sth)
à travers	through
la lecture	reading
quoi que ce soit	anything at all
un,e téléspectateur,-trice	(television) viewer
efficace	effective
aller à l'encontre de	to run counter to
le but recherché	the aim, purpose intended
instaurer	to establish, bring in
montrer du doigt	to point (sth) out
risquer de	to be likely to
attirer	to attract (the attention of sb)
chacun,e	each one, everyone
plutôt que de	rather than, instead of
sans pour autant	without necessarily (doing sth)
effectuer	to carry out
une censure	censorship
aseptisé,e	sanitized
la pire des solutions	the worst solution
l'inutilité (f)	uselessness, pointlessness
par rapport à	in comparison with
un bain de jouvence	overhaul
remettre à la une	to bring (sth) back into the headlines
un avertissement	warning
tel ou tel	any particular (programme)
à l'image de	just like
les feux tricolores	traffic lights
on ne peut plus clair	as clear as can be
passer	to cross, go through
freiner	to slow down, brake
en permanence	permanently
en bas de	at the bottom (of the screen)
une enquête	survey, inquiry
qui plus est	furthermore, what's more
un atout	asset, trump card
empêcher qn de	to prevent sb from (doing sth)
qu'on se le dise	it should be realised, understood
un avis	opinion
valoir mieux que	to be worth more than

interview

Combattre la violence à la télévision

Vous allez entendre une interview de Monique Dagnaud, sociologue et membre du Conseil supérieur de l'audiovisuel (CSA).

Compréhension

Répondez en français aux questions suivantes.

1 Pourquoi le Premier ministre serait-il prêt à prendre des mesures contre la violence à la télévision?

2 Que démontre le sondage effectué récemment sur la violence à la télévision?

3 Selon Monique Dagnaud, quel serait le premier objectif du Conseil supérieur de l'audiovisuel?

4 De quelles frontières parle-t-on dans l'interview?

5 Selon Monique Dagnaud, qu'est-ce qui a changé depuis la privatisation?

6 Quelle influence a été provoquée sur les jeunes par ces changements?

7 En matière de programmes télévisés, de quelle façon la société française diffère-t-elle de la société américaine ou anglo-saxonne?

8 Existe-t-il une situation familiale particulière où les enfants seraient plus influencés par la violence à la télévision?

9 Comment Monique Dagnaud propose-t-elle de trouver le juste milieu concernant les émissions de télévision?

10 La puce antiviolence offrirait-elle la solution à ce problème? Pourquoi?

Note explicative

Tintin resourceful young hero of Hergé's comic books

Lexique	
légiférer	to legislate
une pression	pressure
les pouvoirs politiques	political authorities
sensible à	sensitive to
diffuser	to broadcast (pictures, programmes)
une corrélation	correlation, connection
responsabiliser	to give (sb) a sense of responsibility
un diffuseur	broadcaster
mener une réflexion avec	to have talks, discuss ideas with
une chaîne	(television) channel
faire des propositions	to make proposals
la signalétique	means of signalling (information)
la supportabilité	acceptability, tolerance
porteur,-euse	carrier
une inquiétude	anxiety, concern
une délinquance	crime, delinquency
un tas de	a lot of, lots of
angoissant,e	alarming
le corps social	society
la sensibilité	sensitivity
un rejet	rejection
par rapport à	compared to, in comparison with
malin,e	clever, crafty
astucieux,-ieuse	sharp, shrewd
débrouillard,e	resourceful
une incidence	impact
céder à	to give way to
une pulsion	impulse, urge
faire preuve de	to show
aseptisé,e	sanitized
édulcoré,e	toned down
garder une certaine mesure	to keep a certain sense of proportion
une puce	(micro)chip
visionner	to view (film, programme)
étiqueter	to label
classer	to classify
se désintéresser de	to lose interest, disassociate oneself from

Combattre la violence à la télévision

Une interview de Monique Dagnaud, sociologue et membre du Conseil supérieur de l'audiovisuel (CSA).

Le Premier ministre s'est dit prêt à légiférer en matière de violence à la télévision si les travaux du Conseil supérieur de l'audiovisuel n'avançaient pas assez vite. Pourquoi une telle pression?
Il n'est pas étonnant que les pouvoirs politiques soient préoccupés par la question de la violence en général et à la télévision en particulier. Le public est beaucoup plus sensible à ces problèmes qu'il y a deux ou trois ans. D'après un sondage récent, 83% des téléspectateurs pensent que les images diffusées sont trop violentes. Et 86% pensent qu'il existe une corrélation entre la violence à la télévision et la violence à l'école.

Faut-il pour autant aller jusqu'à légiférer?
Le premier objectif est de responsabiliser diffuseurs et producteurs. Nous menons une réflexion avec les chaînes qui nous font des propositions: la signalétique, la protection de certains jours ou de certaines heures où les enfants regardent davantage le petit écran ... Il y a ce que diffusent les chaînes et le degré de supportabilité. Les frontières entre les deux sont en train de se redéfinir.

Pourquoi une mobilisation aussi forte aujourd'hui?
Depuis la privatisation, il y a plus d'images diffusées, davantage de fictions notamment d'origine américaine, plus souvent porteuses d'images violentes. Le deuxième sujet d'inquiétude concerne le développement d'une certaine délinquance des adolescents et des préadolescents qui n'existait pas auparavant. Les enfants sont adultes beaucoup plus tôt, et c'est dû en partie à la télévision: ils ont accès très jeunes à un tas d'informations sans que ce soit nécessairement accompagné d'explications. C'est un contexte angoissant pour les adultes et le corps social réagit à cette possibilité de violence.

Nous ne sommes pas donc prêts à suivre l'exemple américain?
La société française manifeste davantage de sensibilité, de rejet, par rapport à l'agression physique de la société américaine ou anglo-saxonne. Dans notre société, un héros positif est malin, astucieux, débrouillard. C'est Tintin, pas Schwarzenegger.

L'incidence de la violence télévisée sur la vie quotidienne justifie-t-elle un vrai débat?
Des sociologues établissent que si vous êtes un enfant dont les parents sont peu présents, si vous avez comme seule référence les images télé et si, en plus, l'environnement social ou familial est violent, vous aurez tendance à penser que le monde est ainsi. Et donc à céder plus facilement à des pulsions d'agressivité.

Il nous faut faire preuve d'une plus grande vigilance?
Je trouve normal de se montrer vigilant, mais avec des limites: on ne peut imaginer se trouver avec une télé aseptisée, édulcorée. Il y a le droit d'informer, la liberté d'expression. Il faut plutôt responsabiliser journalistes, producteurs et diffuseurs, tout en gardant une certaine mesure.

Que pensez-vous de la puce antiviolence?
Ce n'est sûrement pas la solution miracle. La puce suppose que tous les programmes de fiction soient visionnés, étiquetés, classés. Qui ferait cet énorme travail? Et, bien entendu, ce système donnera aux parents l'idée qu'une fois qu'ils auront fixé la puce antiviolence à un certain niveau, ils pourront se désintéresser de ce que les enfants regarderont.

Propos recueillis par Sylvie Briet,
Libération, 13–14 avril 1996

Présentation

En fonction de vos réponses aux questions précédentes, faites un exposé oral sur les travaux du CSA sur le thème de la violence à la télévision. (4–5 minutes)

Interview

Relisez le texte, puis interviewez une de vos connaissances sur ses réactions au débat sur les émissions diffusées à la télévision. (5–10 minutes)

Reportage

A l'aide des renseignements recueillis, rédigez un article sur les mesures déjà prises pour combattre la violence à la télévision pour un journal de publication en langue française. (120–150 mots)

6C
l e s   g e n s

Vincent Ravalec: jeune écrivain et cinéaste

Avec sa houppette blonde à la Tintin, sa mine rigolarde de titi parisien et son sempiternel blouson de jean noir, Vincent Ravalec a fait irruption dans le paysage littéraire en 1992, à la manière de ses personnages: façon canaille. Un jour, il a «emprunté» du papier à en-tête à France 2 pour accompagner ses manuscrits d'un petit mot de recommandation. «Ma petite cocotte, voici des nouvelles d'un jeune écrivain au talent prometteur, dépêche-toi, je crois que Grasset est sur le coup», adresse-t-il aux éditeurs.

Bingo! Son style plein de vie a séduit, comme ses histoires de combines et ses personnages déjantés. Enfin, un écrivain qui s'intéresse aux gens d'aujourd'hui! Même dans les circonstances les plus sordides, les plus glauques, sa tendre dérision sauve de l'angoisse. «Je parle de ce que je connais», affirme cet ancien assistant réalisateur de pub et de clips. A la manière de ses héros, il promène un regard amusé sur le monde. Comme eux, il connaît Paris mieux que sa poche. Son goût pour la lecture lui vient de sa mère, professeur de français.

Malgré ses airs d'adolescent farceur, il prend l'écriture très au sérieux, passant plusieurs heures par jour devant sa machine à écrire. Le déclic s'est produit après une tranche de vie bien remplie: il a été menuisier, vendeur en librairie, assistant de tournage. «Un jour, je me suis dit: j'écris.» Quatre nouvelles et un roman plus tard, Vincent Ravalec a 33 ans et n'est pas blasé par son succès. «Cela met le coeur en joie.» Il continue le cinéma et les courts métrages. «Grâce au ciné, je ne suis pas obligé de demander un à-valoir sur mon prochain roman», explique-t-il. Un écrivain sans engagements. Pas étonnant que ses livres aient le goût, parfois âcre, de la liberté.

Emmanuelle Métivier, *Ouest-France*, 13 avril 1995

Lexique

un cinéaste	film director
une houppette	little tuft (of hair)
une mine	expression, look
rigolard,e	grinning
un titi parisien	urchin, scamp
sempiternel,-elle	perpetual, endless
un blouson	blouson, jacket
faire irruption dans	to burst into, rush into
un paysage littéraire	the literary scene
un personnage	character (in a literary work)
une façon canaille	mischievous manner
le papier à en-tête	headed paper
ma cocotte	my sweetie
une nouvelle	short story
être sur le coup	to be in on it, to be after it
un éditeur	publisher
séduire	to captivate, appeal to
une combine	(shady) scheme, scam
déjanté,e	off one's trolley
un écrivain	writer
glauque	murky, squalid
l'angoisse (f)	anxiety
un,e réalisateur,-trice	(film) director
la pub (publicité)	advertising
un clip	(pop) video, short
promener un regard sur	to cast an eye over
connaître Paris mieux que sa poche	to know Paris better than the back of one's hand
la lecture	reading
farceur,-euse	mischievous
l'écriture (f)	writing
un déclic	turning point
se produire	to occur, happen
une tranche de vie	slice of life
un menuisier	joiner, finish carpenter
le tournage	shooting, filming
blasé,e par	blasé, tired with
mettre le coeur en joie	to delight
un court métrage	short (film)
un à-valoir	advance, instalment (of money)
un engagement	commitment
âcre	sharp (taste)

Notes explicatives

Tintin   Hergé's young comic strip hero who has a small blond tuft of hair (see also **6B Interview**)

France 2   one of France's national television channels, formerly **Antenne 2**

Grasset   publishing house, part of the Hachette group

Portrait

En utilisant les données ci-dessous, faites oralement le portrait de Vincent Ravalec en tant que cinéaste et écrivain. (4–5 minutes)

> Une vie bien remplie – le déclic – la façon canaille – un mot de recommendation – le paysage littéraire – quatre nouvelles et un roman – s'intéresser aux gens – un style plein de vie – le cinéma et les courts métrages – un écrivain sans engagements.

Interview

A partir de ce portrait, interviewez Vincent Ravalec sur sa carrière ainsi que sur son style littéraire et sa vision de la société. (5–10 minutes)

Reportage

A l'aide de cette interview, rédigez un article sur la carrière de Vincent Ravalec pour un journal de publication en langue anglaise. (120–150 mots)

C'est dans le dico

6D
reportage

Déclic: un magazine pour les handicapés

Déclic, familles et handicaps, le magazine des personnes handicapées, de leur famille et des professionnels qui les accompagnent, va fêter ses deux ans. Le mensuel, conçu au départ par Handicap International pour son programme France, est né d'un constat: les familles concernées par les problèmes du handicap – trois millions de personnes handicapées en France – manquent d'information, de conseils et de soutien. D'où l'idée de créer un magazine spécialement pour elles, qui présente des témoignages positifs sur l'école, le travail et les vacances.

«Il existe de plus en plus de possibilités pour les personnes handicapées, mais, souvent, elles ne le savent pas. Une société de coursiers emploie treize sourds par exemple. Ce genre d'information doit parvenir aux personnes concernées pour leur donner du courage», déclare France de Lagarde, rédactrice en chef. Aussi, en réponse à toutes les difficultés et aux questions des personnes handicapées, des parents et des professionnels, *Déclic* apporte tous les mois, en 68 pages couleurs, des informations pratiques avec des conseils, des adresses et des témoignages.

Il traite aussi des dossiers techniques qui passent en revue les moyens de locomotion ou les différents appareils et meubles utiles aux handicapés, et chaque numéro passe au crible une ville en analysant ses capacités de logement, son accessibilité, ses transports, sa circulation, ses sports et loisirs, ses écoles et ses emplois, enfin, son adéquation générale au monde du handicap.

Le magazine, édité par Handicap International et le groupe Malesherbes Publications, qui a apporté son savoir-faire technique et réalisé l'étude de projet et le lancement, tire aujourd'hui à 30 000 exemplaires et compte 12 000 abonnés, parmi lesquels de plus en plus de professionnels. Le magazine n'est pas encore rentable, mais devrait être à l'équilibre avant la fin de l'année.

Animé par des professionnels, parmi lesquels plusieurs parents d'enfants handicapés, le magazine travaille avec deux grands reporters en fauteuil roulant dont l'un est l'auteur d'un guide sur l'Afrique de l'Est. *Déclics, familles, handicaps* est aussi un espace de dialogue où les familles peuvent partager toutes les difficultés et la richesse de ce qu'elles vivent.

Guillaume Foucault, *Le Figaro économie*, 24 octobre 1995

Lexique

fêter	to celebrate (anniversary)
un mensuel	monthly magazine
concevoir (pp **conçu**)	to design
au départ	at first, at the outset
un constat	assessment, report
manquer de	to lack, be short of
un soutien	support
d'où	hence, this led to
un témoignage	account, testimony
un coursier	messenger
un sourd	deaf person
un genre	sort, kind
parvenir à	to reach
un,e rédacteur,-trice en chef	chief editor
traiter de	to deal with
passer en revue	to go through, examine critically
un moyen de locomotion	means of transport
un appareil	apparatus, equipment
un numéro	issue (of magazine)
passer au crible	to examine thoroughly
l'adéquation (f)	appropriateness, suitability
éditer	to publish
un lancement	launching
tirer	to print, run off
un exemplaire	copy (of book, magazine)
un,e abonné,e	subscriber
rentable	profitable
être à l'équilibre	to break even (financially)
animer	to lead, run, organize
un fauteuil roulant	wheelchair
partager	to share

Présentation orale

En petits groupes, réalisez et présentez une étude détaillée des sept thèmes suivants. (10–15 minutes)

1 La conception et la création du magazine *Déclic, familles et handicaps.*
2 Le lectorat éventuel du magazine.
3 L'objectif principal de *Déclic*.
4 Le format choisi pour véhiculer ces informations.
5 L'importance des dossiers techniques.
6 Le tirage, les abonnés et la rentabilité du magazine.
7 Le personnel responsable de la rédaction et des reportages.

Quoi de neuf dans la presse?

Interview 1

A l'aide de cette présentation, interviewez France de Lagarde sur le lancement et la rédaction du magazine *Déclic* ainsi que sur son tirage et son public. (8–10 minutes)

Interview 2

A partir des renseignements recueillis, interviewez un(e) abonné(e) au magazine sur l'utilité des informations, des conseils et du soutien fournis aux lecteurs. (8–10 minutes)

Reportage

En vous basant sur ces interviews, rédigez un article sur le magazine *Déclic* pour un journal de publication en langue anglaise. (150–180 mots)

6E
t h è m e

Televised fiction

Etude lexicale

A l'aide d'un dictionnaire, donnez en anglais l'équivalent des mots-clés suivants.

les actualités	ouvrir les horizons
une adaptation à l'écran	partager une opinion
allumer le poste	peu convaincant,e
une émission animalière	quel mal y a-t-il à ça?
être déçu,e par	rentrer à toute vitesse
un feuilleton	la représentation des personnages
une intrigue squelettique	supporter
mettre un visage à	s'y intéresser
un navet	un téléfilm
nul, nulle	tout seul, toute seule

Entretien

En vous reportant à votre étude lexicale, traduisez le texte ci-dessous en français.

FOR AND AGAINST TV FILMS

Mr Collard, do you like televised fiction?

I never watch that kind of film on the TV. The plot is too thin and the characterisation unconvincing. I find imported serials just as disappointing – it's often the same story, and there's always too much violence for my taste. As for books adapted for the screen, I can't bear them either. They're just rubbishy films – nothing is left to the imagination. I'd twenty times rather read the novel as I don't like having a face put to characters I've already imagined myself. No, I'd rather watch documentaries or wildlife programmes, which broaden your horizons, or the news to find out what's going on in the world.

Mrs Collard, do you share your husband's views on TV films?

Oh, not at all! They're the programmes which make me dash home to switch on the TV in time. My problem is that I can't always follow the serials, so I record them and watch them at some other time of the day, and I'm happier watching them on my own. I know they're fiction, a bit sentimental and overdone perhaps, but they make me dream and where's the harm in that? They're of no interest to my husband, and as for my children, they tell me that what I watch is rubbish! There's no accounting for taste . . .

6F

e n q u ê t e

Le rôle des médias

Travail collectif

En petits groupes, discutez les 10 thèmes suivants.
(15–20 minutes)

> 1 Les principales sources d'information.
> 2 Les chaînes de radio et de télévision.
> 3 La durée moyenne d'écoute.
> 4 L'influence de la télévision sur les jeunes.
> 5 Le niveau de satisfaction des téléspectateurs.
> 6 La baisse de fréquentation du cinéma.
> 7 La vitalité de l'édition française.
> 8 La lecture des magazines en France.
> 9 Le droit d'informer et la liberté
>   d'expression.
> 10 La nécessité de responsabiliser les diffuseurs.

Interview

En vous basant sur ces discussions, interviewez Jean-Paul Desroches, journaliste et scénariste, sur le rôle et les responsabilités des médias aujourd'hui.

1   Pour préparer cette interview, composez un questionnaire sur le thème proposé. (8–10 questions)

2   Avant l'interview, vous présentez à un(e) collègue les idées que vous voulez aborder avec Jean-Paul Desroches, ainsi que l'orientation générale de l'entretien. (5–10 minutes)

3   A partir de cette préparation, interviewez Jean-Paul Desroches dans son bureau en enregistrant l'entretien. (10–15 minutes)

4   Rédigez une version éditée de cette interview pour un magazine de publication en langue française. (200–250 mots)

Rond (vert): accord des parents souhaitable.

Triangle (orange): films interdits aux moins de douze ans.

Carré (rouge): longs métrages interdits aux moins de seize ans.

DOSSIER 7

Horaires et activités

7A opinions

Les conditions de travail

Laurent, feras-tu carrière dans le secteur privé ou le secteur public?

Normalement, si tout va bien, je devrais faire carrière dans le secteur public. Il y a plusieurs raisons à cela. Tout le monde le sait, le gros problème des jeunes en France en ce moment c'est le chômage. On trouve très difficilement un emploi, et lorsqu'on en a un, il n'est pas toujours évident de le conserver. Travailler dans le secteur public apporte une solution à cela: emploi dans le secteur public rime avec emploi à vie. D'où l'engouement des jeunes pour ce type d'emploi: administration, police, enseignement ...

L'enseignement, c'est justement la branche à laquelle je me destine. Etre professeur dans le secteur public, cela veut dire travailler pour l'Education nationale, être fonctionnaire de l'Etat. Cependant, la sécurité de l'emploi, c'est bien beau, mais encore faut-il que l'emploi en question plaise, et l'idée d'enseigner l'anglais me motive énormément. Au cours de mes études et lors d'expériences professionnelles, je me suis découvert un goût pour l'enseignement.

Certes, les salaires du secteur public sont largement inférieurs à ceux du secteur privé, et je ne serai jamais milliardaire, loin de là. En revanche, les horaires sont réguliers, ce qui permet une vie de famille digne de ce nom, et une vie extraprofessionnelle sportive, culturelle ou autre. Et cela n'a pas de prix.

Isabelle, es-tu pour ou contre l'ouverture dominicale?

En règle générale, je suis contre l'ouverture des magasins le dimanche. J'estime, en effet, que tout employé a au moins droit à ce jour de repos, car c'est en effet le seul jour de la semaine où il peut se retrouver en famille ou entre amis. Bien sûr, ce problème se pose plus particulièrement dans les grandes surfaces, mais il y a fort à parier qu'il se retrouve également ailleurs.

D'un point de vue financier, travailler le dimanche est avantageux pour l'employé puisqu'on est payé comme pour des heures supplémentaires, c'est-à-dire deux fois plus. C'est la raison pour laquelle beaucoup de personnes, et surtout les jeunes, qui ont un revenu mensuel peu élevé acceptent de travailler le dimanche. Pour cette raison, je serais en faveur de l'ouverture dominicale si l'employeur laissait un véritable choix à l'employé. En théorie, un employé peut refuser de travailler le dimanche, sans avoir à donner de raisons. Malheureusement, en pratique, l'employeur exerce trop souvent des pressions sur l'employé pour que celui-ci accepte de travailler le dimanche – la menace du licenciement est là, même si l'employeur ne peut pas légalement invoquer le refus de travailler le dimanche comme raison du licenciement. Cette pression de l'employeur sur l'employé est inadmissible et c'est pour cette raison que je suis opposée à l'ouverture dominicale.

Notes explicatives

l'Education nationale the French Ministry of Education or state education system

un,e fonctionnaire de l'Etat teachers in France are state employees

Opinions partagées

En petits groupes, discutez vos opinions sur les thèmes suivants. (10 minutes)

- le problème du chômage
- les horaires de travail
- une vie extraprofessionnelle
- l'ouverture dominicale
- les salaires dans le secteur privé
- les avantages du secteur public

Présentation

En vous aidant de ces discussions, faites un exposé oral sur la tendance actuelle de la sécurité de l'emploi. (5 minutes)

Lexique

faire carrière dans	to make a career in
le chômage	unemployment
un emploi à vie	job for life
il est évident que	it is obvious that
conserver	to keep, retain
rimer avec	to mean
d'où	from which, hence
un engouement	craze, fancy
l'enseignement (m)	teaching
une branche	(professional) branch, field
se destiner à	to decide on (field, career)
vouloir dire	to mean
cependant	however
la sécurité de l'emploi	job security
c'est bien beau	that's all very well
encore faut-il que	it is nevertheless essential that
plaire	to please, be liked
lors de	during
se découvrir un goût pour	to find you have a liking for
certes	admittedly
un salaire	salary, wage
largement inférieur,e à	well below, considerably lower than
un,e milliardaire	multimillionaire
loin de là	far from it
en revanche	on the other hand
un horaire	working hours
digne de ce nom	worthy of the name
extraprofessionnel,-elle	outside (one's) work, job
ne pas avoir de prix	to be precious, priceless
l'ouverture dominicale	Sunday opening (of shops)
en règle générale	as a (general) rule
avoir droit à	to have the right to, be entitled to
un jour de repos	day off (work)
se poser	to arise (of a problem)
une grande surface	supermarket
il y a fort à parier que	it's a safe bet that, the odds are that
également	equally, also
ailleurs	elsewhere
avantageux,-euse	advantageous, favourable
les heures supplémentaires	overtime
un revenu mensuel	monthly income
peu élevé,e	low (income)
accepter de	to agree to (do sth)
laisser un choix à qn	to give sb the choice
véritable	true, real
exercer une pression	to exert pressure
une menace	threat
le licenciement	dismissal, redundancy
invoquer	to invoke, cite

7B

i n t e r v i e w

La grève des salariés du secteur privé

Vous allez entendre une interview d'Henri Vacquin, sociologue et conseiller en stratégies sociales.

Compréhension

Répondez en français aux questions suivantes.

1 Comment Henri Vacquin analyse-t-il le conflit social actuel en France?

2 Selon Henri Vacquin, qu'est-ce qui explique
la popularité de ce mouvement?

3 Pourquoi le secteur public a-t-il été atteint par
cette grève?

4 Faudrait-il réformer l'assurance maladie?
Pourquoi?

5 En quoi consiste le problème des retraites?

6 Pourquoi cette grève est-elle survenue dans le
secteur public plutôt que dans le privé?

7 Dans quel sens peut-on affirmer que cette
grève joue un rôle utile?

8 Selon Henri Vacquin, sera-t-il possible de
résoudre ce conflit social? Expliquez.

9 Quelles sont les conséquences financières du
taux de chômage en France?

10 Sur quel thème le prochain grand débat sera-t-
il centré?

Lexique	
une grève	strike
un,e salarié,e	(salaried) employee, wage-earner
un conflit social	industrial strife
dépasser	to exceed, go beyond
une entreprise	firm, business
sinon	otherwise
être malade de	to suffer from
le chômage	unemployment
confondus,-es	taken (all) together
ne cesser de	to keep on, continue (doing sth)
percevoir (pp perçu)	to perceive, experience
subir	to undergo, experience
désormais	from now on, henceforth
atteint,e par	affected by
la psychose	psychosis, obsessive fear
un,e fonctionnaire	civil servant
éclater	to break out, erupt
la Sécurité sociale	national health and pensions organization
enterré,e	buried, long-forgotten
un plan de redressement	recovery plan
les cotisations sociales	social security contributions
l'assurance maladie	health insurance, sickness benefit
la retraite	retirement (pension)
mettre à jour	to expose, reveal
les perspectives d'avenir	future prospects
déclencher	to spark off (crisis)
l'immunité du licenciement	immunity from dismissal
une revendication	claim, demand
la raréfaction	(growing) shortage
l'offre d'emploi	job offers, employment
imposer de	to force, oblige (sb to do sth)
aborder	to tackle (problem, crisis)
empêcher	to prevent (sb from doing sth)
éprouver un sentiment d'inutilité	to feel useless
la répartition	sharing out
un demandeur d'emploi	job-seeker

Une manif à Paris

La grève des salariés du secteur privé

Une interview d'Henri Vacquin, sociologue et conseiller en stratégies sociales.

Comment expliquez-vous la durée de cette crise?

Ce conflit social a révélé la crise profonde de la société française, une crise culturelle du travail et de l'emploi. Elle dépasse les entreprises publiques. Sinon, comment expliquer la popularité que ce mouvement a rencontrée chez les Français? Ce pays est malade du chômage. Les hommes politiques de gauche et de droite confondus n'ont cessé de promettre qu'on verrait bientôt le bout du tunnel. Et, depuis une génération en France, toutes les batailles ont été perdues.

Oui, mais pourquoi cette grève dans le secteur public?

Jusqu'ici, ce problème du chômage avait été essentiellement perçu par les salariés du privé, qui le subissaient directement. Désormais, les salariés du secteur public sont atteints eux aussi par la psychose de l'emploi. Notamment pour leurs enfants, car par tradition dans certaines familles, on était fonctionnaire de père en fils.

Pourquoi cette crise éclate-t-elle à l'occasion du plan du Premier ministre?

La réforme de la Sécurité sociale a posé une question enterrée par dix-sept plans de redressement successifs: l'insuffisance des cotisations sociales, due à l'augmentation du chômage. C'est elle qui rend nécessaire une réforme du financement de l'assurance maladie. Quant au problème des retraites, il met à jour l'absence de perspectives d'avenir offertes aux Français. C'est le fait de poser simultanément ces deux questions qui a déclenché la crise.

Le mouvement de protestation restera-t-il limité au secteur public?

La grève a éclaté dans la fonction publique, parce que c'est le seul lieu où les salariés protégés par l'immunité du licenciement peuvent exprimer les revendications des Français. Ils maintiennent un minimum de confrontation sociale et jouent un rôle utile. Sans ces conflits, les hommes politiques seraient aveugles.

Quelle est la solution à ce conflit?

On sortira du conflit social, mais cette crise demeurera. On produit de plus en plus de richesses avec de moins en moins de monde. Au cours des trente dernières années, on a multiplié par trois les richesses de l'Europe et on a réduit de 20% le volume de travail nécessaire pour les produire. La raréfaction de l'offre d'emploi impose de repenser le système pour que le travail continue d'exister.

Voyez-vous d'autres façons d'aborder cette crise?

Aujourd'hui, on paie cinq millions de gens empêchés de travailler, qui éprouvent un sentiment d'inutilité sociale. Et tous les autres craignent pour eux-mêmes. Le prochain grand débat doit être autour de la répartition du travail et des richesses pour redonner une utilité aux demandeurs d'emploi.

Propos recueillis par Thierry Philippon,
Le Nouvel Observateur, du 14 au 20 décembre 1995

Présentation

En fonction de vos réponses aux questions précédentes, faites un exposé oral sur l'analyse du conflit social dans le secteur public faite par Henri Vacquin. (4–5 minutes)

Interview

Relisez le texte, puis interviewez une de vos connaissances sur la position qu'elle adopte, pour ou contre les mouvements de protestation. (5–10 minutes)

Reportage

A l'aide des renseignements recueillis, rédigez un article sur la crise du travail et de l'emploi en France pour un journal de publication en langue française. (120–150 mots)

7C

l e s   g e n s

Erwan Coindet: chef d'atelier

7 h 30: Erwan Coindet arrive le premier dans l'atelier désert d'Eveno fermetures à Lorient, une usine qui fabrique des volets roulants et des portes de garages (35 salariés). «J'organise la production du jour selon les commandes reçues par le service de l'ordonnancement. Je distribue les postes de travail en n'oubliant pas de signaler les fabrications spéciales, s'il y en a. Chacun a sa feuille de travail avec son programme du jour bien détaillé. A l'heure d'ouverture, l'atelier peut tourner tout de suite.»

Le bureau vitré d'Erwan est légèrement surélevé. Vue imprenable sur l'atelier. «Je dois suivre le bon fonctionnement des machines et éviter les ruptures de stock de matières premières. D'ailleurs, je passe la moitié de mon temps dans l'atelier.» Un ouvrier lui demande un conseil de montage. Problème réglé en moins d'une minute. «Il faut avoir le niveau technique pour assurer.»

Cette usine, Erwan la connaît bien, malgré son jeune âge. «Après mon bac technologique mécanique, je suis entré à l'IUT organisation et gestion de la production, qui venait de s'ouvrir à Lorient. Mon seul souci, c'était les maths! En seconde année, pour mon projet industriel d'étudiant, j'ai réorganisé une ligne de fabrication dans cette usine qui s'installait à l'époque. Mon diplôme en poche, j'ai été embauché comme chef d'atelier, responsable de la production.» Un poste difficile quand on a 22 ans et qu'on doit diriger une vingtaine de salariés âgés de 30 ans en moyenne. «Il faut faire ses preuves tous les jours. Quand une machine à commande numérique est tombée en panne, je l'ai réparée, par exemple.»

Son téléphone portable ne le quitte jamais. Il sonne toutes les dix minutes. «Je règle tous les soucis journaliers de l'atelier: les absences, les retards, les heures supplémentaires, la tenue des délais de livraison, la qualité des produits, le bon approvisionnement … Si on décide d'augmenter la cadence de production, je regarde ce qu'il faut améliorer. Si une commande ne peut pas partir un soir, elle s'en ira le lendemain matin en exprès.

Car il ne faut pas perdre le client. Et surtout, ne jamais s'énerver.» Si une difficulté persiste, Erwan avise le directeur technique. Avec de telles responsablilités, «on mûrit vite».

Joël Crusson, *Ouest-France*, 19–20 octobre 1996

Lexique

un chef d'atelier	(workshop) foreman
fabriquer	to make, manufacture
un volet roulant	roller shutter
selon	according to
une commande	(commercial) order
le service de l'ordonnancement	scheduling department
un poste de travail	work station
signaler	to point out (to sb)
une feuille de travail	work sheet
tourner	to run (of factory)
un bureau vitré	glass-walled office
surélevé,e	raised
imprenable	clear, unrestricted (view)
le bon fonctionnement	smooth functioning, running
éviter	to avoid
une rupture de stock	stock shortage
les matières premières	raw materials
un conseil	piece of advice
le montage	assembly (of product)
régler	to settle, sort out (problem)
assurer	to be up to the mark
la gestion	management
un souci	problem, worry
à l'époque	at that time
embaucher	to take on, hire
diriger	to be in charge of (employees)
en moyenne	on average
faire ses preuves	to prove oneself
la commande numérique	numerical control
journalier,-ière	daily
la tenue des délais de livraison	keeping to delivery times
l'approvisionnement (m)	supply (of goods)
augmenter	to increase
la cadence de production	the production rate
améliorer	to improve
en exprès	(by) special delivery
s'énerver	to get worked up
aviser	to notify
mûrir	to mature

Notes explicatives

Lorient   town on the south coast of Brittany
un bac: baccalauréat   school leaving certificate taken
   at age 17–18
un IUT: Institut universitaire de technologie   university institute of technology offering a two-year
   course of training as a qualified technician

Portrait

En utilisant les données ci-dessous, faites oralement le portrait d'Erwan Coindet en tant que
jeune chef d'atelier, responsable de production.
(4–5 minutes)

> Un bac technologique – l'IUT à Lorient – son
> projet industriel d'étudiant – un poste difficile –
> son jeune âge – la production du jour – la feuille
> de travail – son bureau surélevé – son téléphone
> portable – le directeur technique.

Interview

A partir de ce portrait, interviewez Erwan Coindet
sur ses études, son projet industriel d'étudiant
et ses responsabilités comme chef d'atelier.
(5–10 minutes)

Reportage

A l'aide de cette interview, rédigez un article sur
les étapes successives de la carrière d'Erwan Coindet et les soucis journaliers auxquels il est confronté dans son atelier pour un journal de
publication en langue anglaise. (120–150 mots)

Au service des pièces de rechange

7D

reportage

Le temps du travail dans la grande distribution

Ne parlez pas de réduction du temps de travail aux caissières de la grande distribution, leur rêve est au contraire de travailler davantage. «Je travaille 22 heures par semaine, ce qui me fait un salaire de base d'environ 3 535 francs brut par mois», témoigne Pauline, caissière débutante à Auchan. Les bonnes semaines, on lui propose de faire des heures «complémentaires», qui lui sont payées au tarif normal tant que son horaire hebdomadaire n'excède pas trente-neuf heures. «Cela met du beurre dans les épinards, mais pose des problèmes d'organisation. On ne peut jamais prévoir quand on aura besoin de vous.»

Subi plus souvent que choisi, le temps partiel fait figure de véritable fléau dans cette branche. «Nous sommes un secteur neuf. Nous sortons à peine de notre période pionnière, mais tout cela est en train d'évoluer», plaide Daniel Guilluy, directeur des ressources humaines d'Auchan France. Jusqu'à présent, tout s'est passé comme si l'horaire individuel des caissières était la seule variable d'ajustement aux pics d'activité. Et encore, le grand commerce est un parangon de vertu par rapport aux grands magasins. La convention collective de la grande distribution stipule qu'on ne peut pas travailler moins de trois heures consécutives ni subir plus d'une coupure (non rémunérée) par jour entre les plages de travail. A ne pas confondre avec la pause de quinze minutes toutes les cinq heures, qui, elle, est rémunérée.

«A Auchan, précise Daniel Guilluy, la quasi-totalité des caissières travaillent à temps partiel, mais avec une durée moyenne plutôt proche de trente heures. Quant au morcellement des horaires, la meilleure façon d'y remédier passe par l'auto-organisation.» Ce système consiste à laisser chaque îlot, constitué de seize postes de travail, organiser lui-même ses horaires. On s'arrange pour que chaque équipe ait son quota de célibataires, de matinales, de lève-tard ou de mères de famille, pour éviter les conflits d'intérêt.

Pour étendre le temps de travail des caissières, une autre solution consiste à développer leur poly-valence et à les faire travailler sur d'autres postes, comme le remplissage des rayons. «L'emploi multiple est l'une de nos meilleures options à l'étude», confirme Daniel Guilluy.

Dominique Michel, *Le Nouvel Economiste*, 29 mars 1996

Lexique	
la grande distribution	volume retailing
une caissière	check-out assistant
un salaire	salary, pay
brut,e	gross (salary)
témoigner	to testify, say
débutant,e	novice, beginner
le tarif	rate (of pay)
tant que	as long as
un horaire hebdomadaire	weekly working hours
les épinards (mpl)	spinach
prévoir	to foresee, predict
faire figure de	to appear, to be thought of as
un fléau	blight, curse
une branche	field, line
évoluer	to change, develop
plaider	to plead
un pic	peak
et encore	and what's more
le grand commerce	super- and hypermarkets
un grand magasin	department store
une convention collective	collective (labour) agreement
une coupure	break, pause
une plage	(work) slot
préciser	to add, specify
la quasi-totalité de	almost all of
le morcellement	dividing up, division
l'auto-organisation (f)	organisation by group
un îlot	(self-contained) group
un poste de travail	work station
s'arranger pour que	to make sure that
une équipe	shift (at work)
un,e célibataire	single man, woman
un,e matinal,e	early riser
un lève-tard (m inv)	late riser
la polyvalence	flexibility (at work), multi-skilling
le remplissage des rayons	filling, restocking the shelves
à l'étude	being examined, under consideration

Note explicative

Auchan   one of France's leading hypermarket chains

Présentation orale

En petits groupes, réalisez et présentez une étude détaillée des sept thèmes suivants. (10–15 minutes)

1 Les horaires des caissières dans la grande distribution.
2 Le tarif pour les heures «complémentaires».
3 Le point de vue du directeur des ressources humaines d'Auchan France.
4 Les dispositions de la convention collective de la grande distribution.
5 L'organisation du temps partiel à Auchan.
6 L'auto-organisation comme solution au problème des horaires.
7 La polyvalence comme moyen d'augmenter les heures des caissières.

Interview 1

A l'aide de cette étude, interviewez Pauline sur son emploi, ses horaires, et ses problèmes d'organisation d'ordre domestique. (8–10 minutes)

Interview 2

A partir des renseignements recueillis, interviewez Daniel Guilluy sur l'organisation du travail à Auchan et les options actuellement à l'étude. (8–10 minutes)

Reportage

En vous basant sur ces interviews, rédigez un article sur les horaires de travail des caissières dans la grande distribution pour un journal de publication en langue anglaise. (150–180 mots)

t h è m e

Part-time employment

Etude lexicale

A l'aide d'un dictionnaire, donnez en anglais l'équivalent des mots-clés suivants.

aller chercher	une journée entière
arranger	jusqu'à
un bas salaire	modifier
au bord de la mer	une pause
une caissière	un problème d'organisation
comme il faut	profiter de
un emploi du temps	sans concertation préalable
en attendant	à la sortie de l'école
une heure de métro	le tarif normal
les heures supplémentaires	vu

Portrait

En vous reportant à votre étude lexicale, traduisez le texte ci-dessous en français.

A CHECKOUT ASSISTANT IN PARIS

Sylvie Dervaux, who has been employed as a checkout assistant in a supermarket in Paris for four years, usually works about 28 hours a week, including all day on Saturday. However, her low wages mean that she cannot refuse overtime, which is paid at the standard rate up to 39 hours. If she is lucky, she can do as many as ten hours more in a week. 'It allows us to dress the children properly and take them to the seaside at least once a year,' explains Sylvie, 'but it also gives us organisational problems at home.'

Her work schedule has been changed twice in the last year, each time without preliminary consultation. 'For nearly six months, I haven't been getting home before 9pm,' Sylvie admits. 'The supermarket closes at 8pm and it takes me nearly an hour by underground.' Her husband has to leave at 6am, so he's free to pick up the children from school in the afternoon. The only day she spends with them is Sunday. As she lives a long way from the supermarket, Sylvie cannot take advantage of the breaks during the day to go home and rest. 'I enjoy my work,' she maintains, 'and I've made a lot of friends among the other assistants. It suits me for the time being, until something better turns up . . .'

7F
e n q u ê t e

La précarité de l'emploi

Travail collectif

En petits groupes, discutez les 10 thèmes suivants. (15–20 minutes)

1. L'augmentation du nombre de chômeurs.
2. L'insertion des jeunes sur le marché du travail.
3. L'accroissement de l'activité féminine.
4. Le développement du travail à temps partiel.
5. Le seuil de pauvreté et les niveaux de rémunération.
6. Les effets des progrès technologiques.
7. La concurrence des nouvelles formes de commerce.
8. La formation, la polyvalence et l'auto-organisation.
9. La flexibilité dans le travail.
10. La répartition du travail et des richesses.

Sondage

En vous basant sur ces discussions, effectuez un sondage d'opinion sur la précarité de l'emploi aujourd'hui ainsi que sur les diverses options actuellement à l'étude.

1. Pour préparer votre sondage, composez un questionnaire qui vous permettra de recueillir des réactions sur le vif. (10–12 questions)

2. A partir de ce questionnaire, interrogez une dizaine de personnes sur ce thème. (20–25 minutes)

3. Présentez vos conclusions en faisant une conférence avec support visuel. (8–10 minutes)

4. Ecrivez un reportage sur les résultats de ce sondage pour un magazine de publication en langue française. (200–250 mots)

Au bureau du chef d'atelier

DOSSIER

La vie au féminin

Vie familiale et vie professionnelle

Laurent, penses-tu que les jeunes femmes peuvent concilier vie familiale et vie professionnelle?

C'est une question qui n'a pas fini d'être posée. Après une période où le féminisme était à son apogée en France, et où la réponse à cette question semblait évidente, on revient à présent à une réponse plus mitigée, probablement à la faveur de l'explosion de la courbe du chômage. En effet, certaines personnes se demandent s'il ne vaudrait pas mieux que les femmes restent à la maison afin de libérer des emplois.

Pour ma part, je n'aurais pas un jugement aussi tranché, loin de là. Une femme ne peut pas rester 24h sur 24 à la maison sans que cela ne nuise à son épanouissement. Cela dit, lorsqu'un couple a des enfants, c'est généralement à la femme qu'incombe cette responsabilité. Car les théories doivent souvent faire place à la réalité, et une vie familiale réussie est aussi importante qu'une vie professionnelle réussie.

En revanche, ce qui a tendance à changer désormais, c'est que le mari épaule de plus en plus la femme dans ses tâches ménagères, même si le partage est encore loin d'être équitable. On voit également de plus en plus d'hommes prendre des congés parentaux lorsqu'il y a une naissance dans la famille. Les femmes pourront ainsi concilier vie familiale et vie professionnelle, mais les mentalités devront changer.

Isabelle, es-tu d'accord avec Laurent sur cette question?

C'est bien sûr l'objectif de nombreuses jeunes femmes que d'arriver à concilier vie familiale et vie professionnelle. En effet, après les positions féministes du passé qui étaient parfois extrémistes sur certains points, les femmes ont compris que leur épanouissement passait par une réussite à la fois familiale et professionnelle. A l'heure actuelle, soit par choix personnel, soit par nécessité économique, de nombreuses femmes cumulent ces deux carrières. Certes, les hommes mettent de plus en plus la main à la pâte afin de leur faciliter la tâche. Néanmoins, on se rend compte que, dans la vie quotidienne d'un couple «moderne», c'est souvent sur la femme que repose la majorité des responsabilités de la vie familiale: cuisine, courses, ménage, éducation des enfants.

D'autre part, côté employeur, il y a souvent des problèmes lorsqu'une femme postule à un emploi tout en ayant une vie familiale. En effet, malgré une législation qui lutte contre cela, les employeurs seront peu enclins à l'embaucher. Une femme non-mariée et sans enfant acceptera toujours plus facilement la mobilité nécessaire à sa carrière. Même si la législation française est claire sur le congé de maternité – aucune employée ne peut être licenciée durant cette période – les employeurs n'apprécient guère ces congés longs et parfois répétés. C'est sur ces problèmes que de grandes avancées doivent encore être accomplies.

Opinions partagées

En petits groupes, discutez vos opinions sur les thèmes suivants. (10 minutes)

- les positions féministes du passé
- l'explosion de la courbe du chômage
- la vie quotidienne d'un couple «moderne»
- le partage des tâches ménagères
- les responsabilités de la vie familiale
- la législation sur le congé de maternité

Présentation

En vous aidant de ces discussions, faites un exposé oral sur les avancées qui restent à accomplir dans la vie professionnelle des femmes. (5 minutes)

Lexique	
concilier	to reconcile (interests)
poser	to ask (a question)
à son apogée	at its peak
mitigé,e	mixed, qualified
à la faveur de	thanks to, owing to
la courbe du chômage	the unemployment curve
se demander si	to wonder whether
il vaudrait mieux que	it would be better if
rester	to stay, remain
libérer	to free, release
tranché,e	clear-cut, cut-and-dried
loin de là	far from it
nuire à	to harm, be detrimental to
un épanouissement	(personal) development, fulfilment
cela dit	having said that
s'occuper de	to take care of (children)
incomber à qn	to lie with sb (of responsibility)
faire place à	to give way to
réussi,e	successful
en revanche	on the other hand
désormais	henceforth, from now on
épauler	to help, support
les tâches ménagères	household chores
un partage équitable	fair sharing, distribution
un congé parental	child-rearing leave
à la fois	at the same time
à l'heure actuelle	at the present time
soit . . . soit . . .	either . . . or . . .
un choix	choice
cumuler	to hold concurrently, combine
certes	admittedly
mettre la main à la pâte	to lend a hand
faciliter	to make easier
néanmoins	nevertheless
se rendre compte que	to realise, notice that
la vie quotidienne	daily, everyday life
reposer sur	to rest with (sb)
le ménage	housework
d'autre part	furthermore, moreover
côté employeur	as far as employers are concerned
postuler à	to apply for (a job)
malgré	despite, in spite of
lutter contre	to fight against
peu enclin,e à	not very inclined to
embaucher	to take on, hire (employee)
la mobilité	(professional) mobility
le congé de maternité	maternity leave
licencier	to dismiss, make redundant
apprécier	to like, care for
accomplir une avancée	to make an advance, make progress

interview

La conférence de Pékin

Vous allez entendre une interview de Collette Codaccioni, le ministre de la Solidarité qui dirige la délégation française à Pékin.

Compréhension

Répondez en français aux question suivantes.

1 Par qui la conférence de Pékin a-t-elle été organisée?

2 Pourquoi met-on en doute le choix de Pékin comme ville hôte de cette conférence?

3 Selon Collette Codaccioni, cette conférence aura-t-elle des effets positifs? Expliquez.

4 De quel risque parle-t-on dans l'interview? D'où vient ce risque?

5 Quelle serait l'importance des débats qui auront lieu à Pékin pour l'épanouissement des femmes?

6 Selon le journaliste du *Figaro*, de quelle formule s'agit-il? Collette Codaccioni serait-elle d'accord avec cette formule?

7 Quelle association le gouvernement français pense-t-il créer? Dans quel but?

8 Selon Collette Codaccioni, l'Europe est-elle unie sur les droits de la femme? Expliquez.

9 Quelle influence l'Europe est-elle en mesure d'exercer dans ce domaine?

10 Qu'en est-il des relations entre la France et le Vatican?

Notes explicatives

Pékin French continues to use this spelling for the Chinese capital rather than adopt the use of Beijing

la Conférence de Pékin conference on women's rights held in the Chinese capital in 1995

l'ONU: Organisation des nations unies UN, UNO: United Nations Organisation

un Observatoire de la parité equality watchdog

Lexique

une polémique	debate
mépriser	to despise, disregard
les droits de l'homme	human rights
se préoccuper de	to be concerned about, think about
lâche	cowardly
le sort	lot, fate
conforter	to confirm (judgment)
attendre de	to expect from (sb)
sortir indemne de	to escape unharmed, unscathed from
s'inquiéter de	to worry, be worried about
acquérir (pp acquis)	to win, achieve
la maîtrise	control (of one's destiny)
découler de	to follow, result from
les soins (mpl)	treatment, care
la fécondité	fertility
veiller à ce que	to make sure that, see to it that
sombrer dans	to sink into
la précarité	insecurity
autrement dit	in other words
un point c'est tout	and that's it, that's that
les instances politiques	political authorities, leaders
revenir sur	to go back on, retreat
le tiers-monde	the Third World
exercer un poids	to exercise influence
faire progresser	to push forward, advance
concrètement	in practical terms
un statut	status
entreprendre	to undertake, embark on
faire de même	to do the same
une divergence	difference (of opinion)
porter sur	to be about, concern
l'avortement (m)	abortion
faire valoir	to advance (argument)

La conférence de Pékin

Une interview de Collette Codaccioni, le ministre de la Solidarité qui dirige la délégation française à Pékin.

A Paris, la polémique est ouverte. Certains disent que tenir une conférence sur les femmes en Chine, c'est servir la propagande d'un pays qui méprise les droits de l'homme. Fallait-il venir à Pékin?

C'est vrai qu'en Chine les droits de l'homme ne sont pas respectés. Mais il aurait fallu s'en préoccuper plus tôt! Les débats qui se tiennent ici ne sont pas organisés par les autorités chinoises; c'est une conférence de l'ONU, préparée depuis deux ans, avec des associations de tous pays qui apportent beaucoup au combat des femmes. Ce serait également lâche et scandaleux d'abandonner à leur sort les femmes d'ici.

Cette conférence va donc avoir des effets positifs?

Tous les échanges que j'ai eus confortent ce jugement. En Asie comme en Afrique et en Amérique latine, on attend beaucoup de nous. La Chine ne sortira pas indemne de cette invasion: c'est ce qu'une Chinoise est venue me dire ce matin.

A Pékin, beaucoup de militantes s'inquiètent d'une possible régression des textes internationaux sur les droits de la femme. Qu'en dites-vous?

Le risque existe, il vient de pays où la femme est encore considérée comme mineure. Il faut défendre ce qui a été acquis, mais aussi insister sur la maîtrise par la femme de son destin. De la scolarisation et du savoir découlent aussi les droits, les soins, la maîtrise de la fécondité et l'accès aux responsabilités. En période de crise économique et de chômage, il faut aussi veiller à ce que les femmes ne sombrent pas à nouveau dans un cycle de précarité, de pauvreté, autrement dit qu'elles se retrouvent exclues.

Etes-vous d'accord avec la formule selon laquelle «les droits de la femme, ce sont les droits de l'homme, un point c'est tout»?

Je dirais plutôt qu'un être humain sur deux est une femme. En France toutes les lois sont là pour qu'il y ait égalité entre les hommes et les femmes, mais rien n'est pleinement appliqué. Il faut continuer à se battre. C'est pourquoi le gouvernement va lancer un Observatoire de la parité, qu'il s'agisse de l'égalité de droit ou de l'accès des femmes aux responsabilités et aux instances politiques.

L'Europe est-elle unie à Pékin?

Absolument, et elle est surtout formelle: il n'est pas question de revenir sur ce qui est acquis, dans les textes internationaux, sur l'égalité, la santé et l'éducation des femmes. C'est important parce que l'Europe est le premier donneur d'aide au tiers-monde. Elle exerce donc un poids, une influence, qui lui permettent de faire progresser très concrètement le statut des femmes.

Avant la conférence sur les femmes, les Etats-Unis ont entrepris des consultations sur tous ces points avec le Vatican. La France a-t-elle fait de même?

Officiellement non. Disons que nous avons entendu un certain nombre de points de vue. Avec le Vatican, les divergences sont connues: elles portent sur la contraception et l'avortement. Le Pape peut faire valoir ses arguments. La position française est qu'on ne peut pas imposer un modèle aux autres Etats. Chacun prend ses propres décisions.

Propos recueillis à Pékin par Jean-Jacques Mével,
Le Figaro, 7 septembre 1995

Présentation

En fonction de vos réponses aux questions précédentes, faites un exposé oral sur la position du ministre de la Solidarité concernant les débats sur les droits de la femme à Pékin. (4–5 minutes)

Interview

Relisez le texte, puis interviewez une de vos connaissances sur ses réactions à la formule: «Les droits de la femme, ce sont les droits de l'homme». (5–10 minutes)

Reportage

A l'aide des renseignements recueillis, rédigez un article sur les objectifs de la conférence de Pékin pour un journal de publication en langue française. (120–150 mots)

8C
l e s   g e n s

Alexandrine Reille: négociante à succès

«Nous avons réussi en Russie parce que nous n'avons surtout pas fait d'études de marché», constate Alexandrine Reille, 28 ans, P-DG de la Société franco-russe de distribution, spécialisée dans l'exportation de produits de luxe sur le marché russe. En 1995, sa petite société de Levallois-Perret a acheminé pour 20 millions de francs de produits de luxe français à destination de Moscou. «Je me suis lancée dans ce secteur un peu par hasard, explique cette diplômée de Sciences Po. En 1990, je suis partie vivre à Moscou pour aider un ami à monter un réseau de location de voitures. Les magasins privés commençaient à ouvrir, mais ils manquaient souvent de marchandises.»

Alexandrine décide de faire de l'import-export. Rentrée en France, elle court les braderies pour dénicher les meilleurs lots. Mais petit à petit le marché local à Moscou reconstitue à peu près ses propres filières. Son principal client, Alexandre Oudaltsov, lui propose de se spécialiser dans l'importation de produits de prestige, secteur à plus forte marge et moins concurrentiel. La Société franco-russe de distribution est donc créée en janvier 1994.

De droit français, couverte par des banques françaises, elle devrait rassurer les grandes marques. Alexandrine prend 51% du capital, Alexandre le reste. Nina Ricci, Guerlain, Patou, Saint-Laurent, Clayeux, Lacoste signent des accords de représentation. «Nous nous chargeons du choix des produits en France», précise Alexandrine. Oudaltsov veille au bon acheminement des livraisons par camion. Destination: ses magasins, comme La Planète Luxe, grande surface de 1 000 mètres carrés dans la banlieue moscovite, ou des détaillants indépendants. Les associés devraient ouvrir, si la ville de Moscou le permet, près du théâtre Bolchoï, leur première boutique Kickers.

Béatrice Peyrani, *L'Expansion*,
25 janvier–7 février 1996

Lexique

un,e négociant,e	merchant, wholesaler
une étude de marché	market study, market research
constater	to note, observe
acheminer	to transport
à destination de	bound for
se lancer dans	to launch into, embark upon
par hasard	by chance
un,e diplômé,e	graduate (of school, university)
monter un réseau	to set up a network
la location de voitures	car hire
manquer de	to lack, be short of
les marchandises (fpl)	goods, merchandise
courir	to go round (shops)
une braderie	discount store, clearance sale
dénicher un lot	to dig out a batch (of goods for sale)
reconstituer	to reform, build up again
à peu près	about, more or less
une filière	ring, (supply) channel
les produits de prestige	luxury goods
une marge (bénéficiaire)	profit margin
concurrentiel,-elle	competitive
le droit français	French law
les grandes marques	major brands
le reste	remainder, balance
signer un accord	to sign an agreement
se charger de	to take responsibility for
veiller à	to look after, see to
l'acheminement (m)	transportation
une livraison	delivery
un mètre carré	square metre
la banlieue moscovite	suburbs of Moscow
un,e détaillant,e	retailer
un,e associé,e	(business) partner, associate

Notes explicatives

P-DG: Président-directeur général chairman/chairwoman and managing director
Levallois-Perret suburb to the north-west of Paris
Sciences Po: Sciences politiques (School of) Political Science
Nina Ricci, Guerlain, Patou (perfume), **Saint-Laurent** (cosmetics and haute couture), **Clayeux** (children's clothing), **Lacoste** (sportswear) leading brand names in France

Portrait

En utilisant les données ci-dessous, faites oralement le portrait d'Alexandrine Reille en tant que
directrice d'une agence import-export.
(4–5 minutes)

> Diplômée de Sciences Po – un réseau de location
> de voitures – l'import-export – le marché russe –
> son principal client à Moscou – la Société
> franco-russe de distribution – les grandes
> marques – des accords de représentation –
> l'acheminement des livraisons – leur première
> boutique.

Interview

A partir de ce portrait, interviewez Alexandrine
Reille sur la création et la gestion de sa société
ainsi que sur ses perspectives d'avenir.
(5–10 minutes)

Reportage

A l'aide de cette interview, rédigez un article sur la
vie professionnelle d'Alexandrine Reille pour un
journal de publication en langue anglaise.
(120–150 mots)

Des produits de prestige

8D

r e p o r t a g e

Bus et métro fatiguent les femmes

«Il est essentiel de fidéliser cette clientèle.» Les auteurs de l'enquête «Avec les femmes, ça bouge», lancée par l'association Femmes en mouvement, sont lucides. Certes, 14% des femmes utilisent quotidiennement le bus et le métro dont elles constituent les deux tiers de la clientèle, mais cette situation pourrait ne pas durer. Si rien n'est fait pour améliorer la qualité de la desserte, la gent féminine pourrait, comme la gent masculine, quitter le train en marche pour s'acheter une voiture. Dans la plupart des cas, il s'agira d'ailleurs d'un second véhicule, «la première voiture étant très majoritairement utilisée par le genre masculin», observent les auteurs de l'étude.

De fait, plus la vie des femmes se complique, plus le recours à l'automobile devient une quasi-obligation. «De plus en plus, les femmes sont amenées à faire coexister vie professionnelle et vie familiale, observent les auteurs de l'étude. Pour gérer tâches professionnelles, elles doivent optimiser leur temps. Aussi tendent-elles de plus en plus à adopter la voiture pour se déplacer. Cette tendance s'accentue lorsqu'elles sont actives, cadres, et/ou que leur lieu de résidence est en zone périurbaine.»

Qui a eu la joie, un jour, de passer un tourni-quet de métro, sa poussette et deux sacs de courses remplis jusqu'à la gueule, d'emprunter un bus plus un train pour accompagner sa fille à son cours de violon ou de danse, d'attendre le bus une demi-heure dans le noir et le froid le soir où il a fallu rester un peu plus tard au bureau, de faire un quart d'heure de marche à pied, y compris un détour chez la nourrice pour aller récupérer bébé, puisque le bus s'arrête à plusieurs centaines de mètres de là, a vraisemblablement fini par passer dans le camp des automobilistes.

«81% des femmes interrogées par la RATP se plaignent que les transports publics ne sont pas faits pour les personnes chargées», peut-on lire dans l'étude. Par ailleurs, «les femmes sont plus sensibles que les hommes à la présence de services (boutiques, commerces) dans l'enceinte d'une gare ou d'une station.» Enfin, elles se plaignent plus que les hommes d'un sentiment de peur dû à l'insécurité et à la fraude. Bref, les transports en commun comptent peu d'inconditionnelles. D'après la typologie dressée par Femmes en mouvement, seules les 20% de «citoyennes» en général au niveau d'études élevé, cadres, lectrices de quotidiens, impliquées politiquement et préoccupées par les questions d'environnement sont pour. Mais avec quelques réserves puisqu'elles jugent que les transports en commun ne sont ni très pratiques, ni très souples. Les 80% restantes comprennent, soit des non-utilisatrices, soit des utilisatrices résignées, voire des utilisatrices chroniquement mécontentes, bref des consommatrices qui veulent bien du boulot et du dodo, voire des marmots, mais plus du métro.

Catherine Coroller, *Libération*, 6 mars 1996

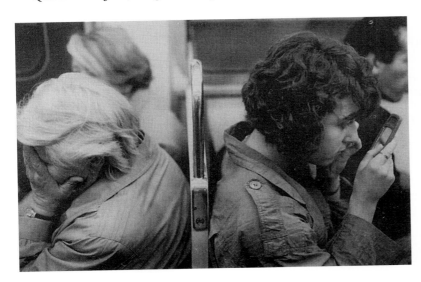

Elles descendent à la prochaine

Notes explicatives

Femmes en mouvement an association which fights for women's views on public transport to be heard

la RATP: la Régie autonome des transports parisiens Paris public transport system

boulot ... dodo ... métro: a variation of the popular expression «**métro, boulot, dodo**», literally, underground, work, sleep, ie the daily grind

Lexique

fidéliser	to secure the loyalty of (clients)
ça bouge	things are stirring, on the move
constituer	to form, make up
les deux tiers	two thirds
la desserte	(transport) service
la gent masculine/féminine	mankind/womankind
le train en marche	the moving train
majoritairement	predominantly
le genre masculin	men
un recours à	recourse to
une quasi-obligation	virtual necessity
amener qn à	to lead, bring sb to (do sth)
faire coexister	to combine
gérer	to manage, organize
une tâche	job, chore
se déplacer	to get about
actif,-ive	active, working
un cadre	executive
en zone périurbaine	on the outskirts
un tourniquet	turnstile
une poussette	pushchair
jusqu'à la gueule	right to the top (of bag)
emprunter	to take (means of transport)
une nourrice	childminder
aller récupérer	to go and pick up (baby, child)
vraisemblablement	probably
passer dans le camp de	to go over to, join
se plaindre	to complain
chargé,e	laden, loaded down
sensible	sensitive
un commerce	shop
dans l'enceinte de	within (premises)
les transports en commun	public transport
un,e inconditionnel,-elle	devoted admirer, fan
dresser une typologie	to draw up a typical profile
impliqué,e	involved
comprendre	to comprise, include
soit ... soit ...	either ... or ...
voire	or even, not to mention
un marmot	kid, brat

Présentation orale

En petits groupes, réalisez et présentez une étude détaillée des sept thèmes suivants. (10–15 minutes)

1 L'enquête menée par l'association Femmes en mouvement.
2 L'abandon des transports en commun par certaines femmes.
3 La préférence croissante des femmes pour la voiture.
4 Les difficultés rencontrées dans les transports en commun.
5 Les résultats de l'étude menée par la RATP.
6 Les couches sociales utilisatrices des transports en commun.
7 Le niveau de satisfaction des femmes usagers des transports en commun.

Interview 1

A l'aide de cette présentation, interviewez un porte-parole de Femmes en mouvement sur les difficultés rencontrées par les femmes dans leurs déplacements en ville. (8–10 minutes)

Interview 2

A partir des renseignements recueillis, interviewez une utilisatrice des transports en commun sur le problème de l'insécurité. (8–10 minutes)

Reportage

En vous basant sur ces interviews, rédigez un article sur les conclusions à tirer des enquêtes menées par Femmes en mouvement et la RATP pour un journal de publication en langue anglaise. (150–180 mots)

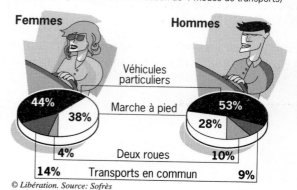

Les modes de transports selon le sexe
(Répartition quotidienne de l'utilisation de 4 modes de transports)

Femmes **Hommes**

Véhicules particuliers
Femmes 44% — Hommes 53%

Marche à pied
Femmes 38% — Hommes 28%

Deux roues
Femmes 4% — Hommes 10%

Transports en commun
Femmes 14% — Hommes 9%

© Libération. Source: Sofrès

Women at work

Etude lexicale

A l'aide d'un dictionnaire, donnez en anglais l'équivalent des mots-clés suivants.

apprécié,e	là où
cantonner	loin de
ne cesser de	misogyne
confirmer la règle	pénétrer un bastion
contrairement à	phallocrate
donner l'exemple	un poste de direction
l'évolution sociale	revendiquer
se féliciter de	le secteur tertiaire
les femmes actives	sous l'impulsion de
une femme député	une tendance majeure

Entretien

En vous reportant à votre étude lexicale, traduisez le texte ci-dessous en français.

TWO QUESTIONS FOR THE SOCIOLOGIST HELENE MAUGER

Why has the proportion of working women risen so greatly over the last thirty years?

This increase is one of the major trends in social advancement since the 1970s, and it's partly due to the impetus given by the feminist movement that women have demanded the right to work. Where women have made the most progress is in the tertiary sector which has created a large number of jobs which don't call for any great physical strength. However, it's the expansion of part-time work which has contributed most to the increase in work for women.

Women members of parliament, women ministers, women at the head of major companies, French women can at last feel very pleased that they have penetrated the last male bastions of power, can't they?

Contrary to what you might think, these are the exceptions which prove the rule. In France, fewer than 5% of managerial positions in the 250 largest groups are held by women. What's more, most of them remain confined to human resources or communications where, according to men, their feminine qualities are particularly valued. Finally, far from setting a good example, the public sector has proved to be even more misogynist than the private sector. They're typical male chauvinist reactions which we must continue to fight.

8F

e n q u ê t e

Job ou carrière

Travail collectif

En petits groupes, discutez les 10 thèmes suivants. (15–20 minutes)

1 La montée du travail féminin.
2 Une activité hors du foyer.
3 La moitié du revenu du ménage.
4 L'écart des salaires.
5 Les postes de direction.
6 Le travail à temps partiel.
7 Les revendications féminines.
8 L'indépendance sociale.
9 Vie professionnelle et vie familiale.
10 Les transports en commun.

Portrait

En vous basant sur ces discussions, interviewez Annie Leblond, jeune mère de famille, sur sa scolarité et ses qualifications, son travail et son adhésion à l'association Femmes en mouvement.

1 Pour préparer cette interview, composez un questionnaire sur le thème proposé. (10–12 questions)

2 Avant l'interview, vous présentez à un(e) collègue les idées que vous voulez aborder avec Annie Leblond, ainsi que l'orientation générale de l'entretien. (5–10 minutes)

3 A partir de cette préparation, interviewez Madame Leblond chez elle en enregistrant l'entretien. (15–20 minutes)

4 Rédigez un article sur Annie Leblond sous la rubrique «Les Gens» pour un magazine de publication en langue française. (200–250 mots)

Vous avez reservé une chambre?

La société de consommation

o p i n i o n s

Le nouveau paysage commercial

Isabelle, es-tu une adepte de l'achat à distance?

Je n'effectue pas la majorité de mes achats par correspondance, mais cela m'arrive quand même relativement souvent. J'achète, par exemple, des vêtements à La Redoute ou aux 3 Suisses, des livres et des disques à France Loisirs, et des produits de beauté chez Yves Rocher et Agnès B.

Ce qui me plaît dans l'achat à distance, c'est que je peux feuilleter le catalogue, comparer les prix, rechercher les promotions … Tout cela, tranquillement, chez moi, en prenant mon temps. Bien sûr, il n'y a pas le contact client-vendeur comme dans un magasin où je peux voir et essayer le produit. Mais s'il y a un problème avec l'article acheté – s'il ne convient pas ou s'il est défectueux – il est toujours possible de l'échanger: en le renvoyant par la poste ou en le rapportant à une des permanences organisées par la société de VPC.

En effet, les sociétés de VPC ont créé des permanences dans pratiquement chaque ville de taille moyenne où il est possible de passer commande, de venir retirer son colis, d'échanger un article...

D'autre part, dans le nord de la France (Lille–Roubaix–Tourcoing), des sociétés comme La Redoute et Les 3 Suisses ont des centrales d'achat où les particuliers peuvent acheter des articles du catalogue, souvent à des prix fortement réduits car ce sont des invendus. Je profite donc de la possibilité de combiner deux modes d'achat: l'achat direct et l'achat à distance.

Laurent, es-tu pour ou contre l'implantation de nouvelles grandes surfaces?

En France, nous avons déjà énormément de grandes surfaces que l'on trouve pour la plupart dans des centres commerciaux. Elles ont fleuri dans les années soixante-dix et quatre-vingts, l'époque où tout était bon pour rendre la vie moins chère. Les petites boutiques ne pouvant pas suivre leurs prix réduits, beaucoup ont dû fermer. Seules quelques-unes ont su résister, mais dans les centre-villes il n'y a presque plus d'épiceries.

Alors, lorsqu'on me parle d'ouvrir de nouvelles grandes surfaces, je dis non parce que, tout d'abord, elles seraient inutiles. Nous en avons déjà assez, et certaines ont même du mal à vivre à cause de la concurrence acharnée qu'elles se livrent. De plus, cela signifierait la mort des quelques petites boutiques qui ont jusqu'ici survécues.

D'aucuns me rétorqueront que les grandes surfaces c'est l'avenir, alors que les petites boutiques c'est le passé. Que se battre contre la grande distribution, c'est aller à contre-courant. Mais il est toujours bon d'avoir un épicier attitré près de chez soi pour des raisons pratiques et gastronomiques. L'épicier devient souvent un ami; en fait, une épicerie c'est humain, une grande surface c'est impersonnel. Qui plus est, ce sont les petites boutiques qui créent le plus d'emplois. Comme quoi les grandes surfaces ne sont peut-être pas aussi bonnes qu'on le prétend.

Notes explicatives

La Redoute mail order company specialising in clothing
Les 3 Suisses another leading mail order company
France Loisirs leading chain of booksellers
Yves Rocher manufacturer and retailer of beauty products
Agnès B manufacturer and retailer of beauty products and fashion clothes for young people
la VPC: Vente par correspondance mail order selling

Opinions partagées

En petits groupes, discutez vos opinions sur les thèmes suivants. (10 minutes)

- la grande commodité de l'achat à distance
- le contact client-vendeur dans les magasins
- les permanences et centrales d'achat
- la concurrence acharnée des grandes surfaces
- la mort des épiceries et des petites boutiques
- les avantages de l'épicier attitré

Présentation

En vous aidant de ces discussions, faites un exposé oral sur les différentes réactions aux nouvelles formes du commerce. (5 minutes)

Lexique

un,e adepte	enthusiast, supporter
effectuer	to make, carry out
cela m'arrive de	I sometimes (do sth)
quand même	even so, nonetheless
feuilleter	to leaf through (book, catalogue)
rechercher	to search out, look for
une promotion	(special) offer
convenir	to suit, be suitable
défectueux,-euse	defective, faulty
renvoyer	to send back, return (goods)
rapporter	to take (goods) back
une permanence	duty office, permanently manned office
créer	to set up
de taille moyenne	medium-sized
passer commande	to place an order
retirer	to collect (goods)
un colis	parcel
d'autre part	moreover, what's more
une centrale d'achat	discount store, central purchasing office
un particulier	private individual
un invendu	unsold item
profiter de	to take advantage of, make the most of
une implantation	construction, setting up
une grande surface	supermarket
pour la plupart	for the most part
un centre commercial	shopping centre
fleurir	to appear, spring up
l'époque où	the time when
une épicerie	grocer's shop
inutile	pointless, needless
avoir du mal à	to find it difficult to
se livrer concurrence	to engage in (commercial) competition
acharné,e	relentless, unremitting
jusqu'ici	until now
survivre (pp survécu)	to survive
d'aucuns	some (people)
rétorquer	to retort
se battre contre	to fight against
la grande distribution	volume retailing
aller à contre-courant	to go against the tide
attitré,e	authorized
qui plus est	what's more, furthermore
un emploi	job
comme quoi	which just shows (that)
prétendre	to claim, make out to be

La prolifération des grandes surfaces

Vous allez entendre une interview de Dominique Baudis, maire de Toulouse.

Compréhension

Répondez en français aux questions suivantes.

1 Sur quelle question le maire de Toulouse se déclare-t-il en accord avec le Premier ministre, Alain Juppé?

2 Le maire d'une grande ville peut-il bloquer l'implantation de grandes surfaces dans sa région? Expliquez.

3 Quel lien s'est développé entre les grandes surfaces et les petites communes périphériques? Pourquoi?

4 Pour quelles raisons Dominique Baudis s'oppose-t-il à ce que l'on construise des grandes surfaces autour de Toulouse?

5 Comment la mise en place des nouvelles commissions a-t-elle provoqué un changement dans cette situation?

6 Qu'est-ce qui a arrêté les pratiques scandaleuses dont parle Dominique Baudis?

7 A quelles pratiques scandaleuses le maire de Toulouse fait-il référence?

8 Dominique Baudis a-t-il autorisé beaucoup de nouvelles grandes surfaces sur Toulouse même? Expliquez.

9 Faudrait-il arrêter toute implantation de nouvelles grandes surfaces dans la région toulousaine? Pourquoi?

10 Le maire de Toulouse est-il satisfait que l'on mette ce phénomène en question à l'heure actuelle? Pourquoi?

Lexique

un maire	mayor
se sentir en phase avec	to be on the same wavelength as
exprimer son «ras-le-bol»	to express one's discontent
la mairie	town hall
préserver un équilibre	to maintain a balance
cerner de	to surround with
enrayer	to check, stop
un promoteur	property developer
s'adresser à	to turn to, contact
une commune	(smallest French administrative) district
périphérique	outlying
la taxe professionnelle	business rates
un pactole	fortune, gold mine
prendre goût à	to develop a liking for
s'aligner	to line up
un périphérique	ring road
un rocade	bypass (road)
urbanisé,e	built-up (area)
avoisinant,e	neighbouring
une agglomération	town, built-up area
avoir voix au chapitre	to have a say in the matter
une mise en place	putting in place, introduction
une voix	vote
se faire entendre	to make oneself heard
un discours	speech
avoir cours	to occur
une commission	committee
pire	worse
le ministre de Commerce	Minister of Trade
sortant,e	outgoing (minister)
contre l'avis de	against the advice of
préconiser une orientation	to recommend a direction, course (of action)
marquer un temps d'arrêt	to pause
dresser un bilan	to assess, take stock (of a situation)
établir une grille d'analyse	to draw up an analytical grid
une implantation	setting up, construction
en dépit du bon sens	contrary to common sense
gêner	to disturb, bother
l'ennui, c'est que	the trouble is that
prévaloir	to prevail
maîtriser	to control, bring under control
prendre conscience de	to become aware of

La prolifération des grandes surfaces

Une interview de Dominique Baudis, maire de Toulouse.

Vous sentez-vous en phase avec le Premier ministre, Alain Juppé, qui exprimait mardi son «ras-le-bol» face à la prolifération des grandes surfaces?
Complètement. Depuis mon arrivée à la mairie de Toulouse, il y a douze ans, je dis la même chose. Il ne s'agit pas de refuser systématiquement les grandes surfaces mais de préserver un équilibre entre les formes de commerce. Or, les grandes villes sont cernées de hangars, comme l'a bien décrit Alain Juppé. Même lorsque le maire d'une grande ville se montre vigilant, il ne peut enrayer le phénomène car les promoteurs s'adressent alors aux petites communes périphériques.

Pourquoi choisir les petites communes?
Parce que, pour elles, la taxe professionnelle représente un véritable pactole. Certaines y ont pris goût, elles se sont spécialisées dans l'accueil de grandes surfaces et se retrouvent avec des moyens financiers disproportionnés par rapport à leurs besoins. Les hangars s'alignent donc comme des boîtes d'allumettes le long des périphériques et des rocades, dans un paysage peu urbanisé. Et ces magasins tuent le commerce rural, celui des petites communes avoisinantes et celui du coeur de l'agglomération qui avait une attraction régionale.

La commune d'accueil n'est pas la seule à avoir voix au chapître.
Il est vrai que depuis la mise en place des nouvelles commissions, les choses se sont améliorées. Elles ne comptent plus que sept membres contre 20 auparavant. Même si Toulouse n'a toujours qu'une voix, il est plus facile de se faire entendre. De plus, les votes ne sont plus secrets, ce qui oblige les membres à mettre leur vote en accord avec leur discours. Et certaines pratiques scandaleuses n'ont plus cours.

Vous nous donnez un exemple?
Avant la réforme, il arrivait qu'un dossier refusé localement soit autorisé ensuite par la commission nationale. Pire: le ministre du Commerce a parfois autorisé des projets refusés par les commissions départementales et nationales. Le jour même de son départ du ministère, un ministre sortant a signé plusieurs autorisations contre l'avis des deux commissions.

Pour quelles raisons?
Il faut le lui demander. Je suis mal placé pour connaître la question puisque je n'ai autorisé aucune grande surface sur Toulouse en douze ans, excepté un grand magasin en centre-ville avec l'accord des commerçants du secteur.

Quelles orientations préconisez-vous?
Il faut marquer un temps d'arrêt pour dresser un bilan de la situation et établir des grilles d'analyse. Jusqu'à présent, les implantations ont été faites en dépit du bon sens urbanistique. Qu'une grande surface alimentaire s'installe dans un nouveau quartier de 20 000 habitants ne me gêne pas, au contraire. Elle accompagnera le projet d'urbanisme. L'ennui, c'est que ces règles de bon sens n'ont pas prévalu. On a si peu maîtrisé le phénomène que la France est le pays européen où la densité de grandes surfaces par habitant est la plus élevée. On en paye les conséquences, et je suis content qu'on en prenne enfin conscience.

Propos recueillis par Jacqueline Coignard,
Libération, 27 octobre 1995

Présentation

En fonction de vos réponses aux questions précédentes, faites un exposé oral sur la prise de position du maire de Toulouse à l'égard des grandes surfaces dans sa région. (4–5 minutes)

Interview

Relisez le texte, puis interviewez une de vos connaissances sur ses préférences entre le petit commerce et les grandes surfaces. (5–10 minutes)

Reportage

A l'aide des renseignements recueillis, rédigez un article sur les mesures prises pour freiner la construction des grandes surfaces dans la région toulousaine pour un journal de publication en langue française. (120–150 mots)

9C
l e s   g e n s

Claude Clévenot: révolutionner le monde de l'étiquette

«L'habillage d'un vin ressemble beaucoup à celui d'une femme. Il y a des étiquettes pour les vins mondains qui trôneront sur les tables les plus prestigieuses. Il y a des étiquettes plus simples pour les dîners entre copains ou les déjeuners au bord de l'eau.» Claude Clévenot, propriétaire de l'imprimerie du Clos du Moulin, dans le Beaujolais, n'a pas son pareil pour décrire le petit carré de papier collé sur les bouteilles de vins. En dix ans, cette femme volontaire a véritablement révolutionné le monde de l'étiquette. Il était temps.

En 1984, quand elle reprend le Clos du Moulin, l'imprimerie ressemble encore a beaucoup d'autres. La situation est alors catastrophique. «Toutes les étiquettes se ressemblaient», se souvient Claude Clévenot, dont le nom va rapidement être connu du monde fermé des grands négociants du Beaujolais, de la Bourgogne et du Bordelais.

Devant la banalisation et le clonage rampant, elle décide de réagir. L'imprimerie se dote d'un studio de création. Un directeur artistique est embauché. Le premier des négociants en Beaujolais, Georges Duboeuf, lui fait confiance. La grande distribution suit. Carrefour lui confie la conception des étiquettes des vins et spiritueux qu'il vend sous sa marque. Le groupe lui ouvre aussi les portes de ses principaux fournisseurs.

Avec ses 50 salariés, l'entreprise réalise aujourd'hui un chiffre d'affaires de 45 millions de francs. Pour s'imposer, Claude Clévenot a su prendre le temps de découvrir toute la personnalité des vins qu'elle «habille». «Il faut respecter le style du négociant», insiste-t-elle. Un véritable travail de haute couture mais avec les contraintes du prêt-à-porter. Chaque jour, ce sont en effet plus de 2 millions d'étiquettes qui sont imprimées au Clos du Moulin.

Outre son équipe permanente, Claude Clévenot fait souvent appel à des illustrateurs extérieurs. L'obstination de la propriétaire du Clos du Moulin a fait des émules. Quelques concurrents se penchent aujourd'hui sur la calligraphie, le

Lexique	
une **étiquette**	label
l'**habillage** (m)	covering, dressing
ressembler à	to resemble, look like
mondain,e	social, refined
trôner sur	to have pride of place on
entre copains	among friends, pals
une **imprimerie**	printing works
ne pas avoir son pareil pour	to be second to none for
un **carré**	square
coller	to stick
volontaire	determined
reprendre	to take over (firm, business)
se ressembler	to look alike, look like each other
un,e **négociant,e**	merchant, wholesaler
la **banalisation**	trivialization
le **clonage**	cloning
rampant,e	servile, slavish
se doter de	to acquire, set up
embaucher	to take on, hire
faire confiance à	to trust (sb)
confier à	to entrust to (sb)
la **conception**	design
les **vins et spiritueux**	wines and spirits
sous sa marque	under its brand, trade name
un **fournisseur**	supplier
un,e **salarié,e**	employee
réaliser un chiffre d'affaires	to make a (business) turnover
s'imposer	to establish oneself
une **contrainte**	constraint, restriction
le **prêt-à-porter**	ready-to-wear
imprimer	to print
outre	in addition to
faire appel à	to call upon (the services of), call in (sb)
un,e **émule**	imitator, emulator
un,e **concurrent,e**	(commercial) competitor
se pencher sur	to look into
le **gaufrage**	embossing
reste que	the fact remains that
un **créneau**	niche (in the market)
prendre garde à	to watch out, be careful
risquer de	to be likely to
laminer	to erode, destroy
sans âme	soulless
déclencher	to set off, begin (war)

gaufrage. D'autres créent des hologrammes. Reste que le marché de l'impression est actuellement très difficile. «Nous sommes sur un tout petit créneau, s'inquiète-t-elle. Si on n'y prend pas garde, on risque d'être laminé entre les nouvelles technologies sans grande âme et les imprimeurs généralistes qui ont déclenché une véritable guerre tarifaire.»

Joël Thiery, *Le Figaro économie*, 20 octobre 1995

Notes explicatives

le Beaujolais, la Bourgogne   wine-producing regions in the centre of France
le Bordelais   wine-producing region in the south-west   .

Portrait

En utilisant les données ci-dessous, faites oralement le portrait de Claude Clévenot en tant que directrice d'entreprise. (4–5 minutes)

> La reprise de l'imprimerie – le personnel – le chiffre d'affaires – le style des étiquettes – les différents vins – les clients – le directeur artistique – les risques courus – les concurrents – la guerre tarifaire.

Interview

A partir de ce portrait, interviewez Claude Clévenot sur la reprise et la gestion de son imprimerie ainsi que sur ses perspectives d'avenir. (5–10 minutes)

Reportage

A l'aide de cette interview, rédigez un article sur la vie professionnelle de Claude Clévenot pour un journal de publication en langue anglaise. (120–150 mots)

Quelques vins du terroir

r e p o r t a g e

Les adeptes de l'achat à distance

D'un côté, les adeptes de la VPC, prompts à ouvrir un courrier leur offrant des réductions «d'enfer» et en prime une série de voyages merveilleux au bout du bon de commande. De l'autre, les dingues de télé qui confondent l'écran avec une centrale d'achat. Entre les deux, les fous du clavier, ordinateur ou Minitel. Leur point commun: l'achat à distance. Toutes catégories confondues, ils sont au coeur de la bataille que se livrent les sociétés de vente à distance. La télévision multiplie ses émissions de télé-achat, le Minitel trône dans une maison sur quatre et les ordinateurs individuels multimédias sont l'avenir de la micro. Autrement dit, les technologies sont au point pour satisfaire des consommateurs à la recherche du gain de temps. Le Credoc a interrogé un échantillon de Français: 89% ont évoqué l'achat à distance comme leur mode de consommation des années à venir.

Derrière la statistique se cachent des clients aux profils différents. En tête arrive la VPC, avec 71% d'adeptes, surtout des femmes mariées qui donnent beaucoup aux associations caritatives. Pour elles, le prix de l'article est un argument de poids, de même que ses garanties écologiques. Aux Etats-Unis, les sociétés de VPC qui ont essayé de se lancer dans le télé-achat ont dû abandonner. Les clientèles ne se superposent pas, elles coexistent. En France, 15% des consommateurs se laisseraient tenter par le télé-achat. Le consommateur pense que le produit vanté par un animateur en costume-cravate est forcément de qualité.

Mais les télé-acheteurs ne restent pas plantés toute la journée devant le petit écran. On compte parmi eux autant d'actifs que d'inactifs. Les femmes commandent plus que les hommes, sont plutôt jeunes et plutôt issues de classes moyennes. Surtout, elles aiment consommer: 72% souhaitent l'ouverture des magasins le dimanche, 45% fréquentent régulièrement les centres commerciaux. Enfin, paradoxalement, l'atout majeur du télé-achat est à leurs yeux l'absence de choix: elles ne sont pas perdues devant une profusion de produits comme dans les grands magasins.

Les nouveaux moyens de communication vont-ils faire apparaître un type de client plutôt sédentaire, consommant des loisirs audiovisuels et commandant sa pizza devant son terminal? Les amateurs de science-fiction peuvent repasser, toutes les études de consommateurs prouvent que les contacts sociaux et humains sont encore préférés aux touches du clavier.

Marie-Joëlle Gros, *Libération*, 6 mars 1995

Notes explicatives

la VPC: Vente par correspondance mail order selling

le Minitel (home) terminal linking telephone users to database

le Credoc: Centre de recherches, d'études et de documentation sur la consommation consumer research centre

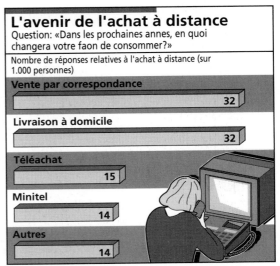

L'avenir de l'achat à distance
Question: «Dans les prochaines années, en quoi changera votre façon de consommer?»
Nombre de réponses relatives à l'achat à distance (sur 1.000 personnes)

Vente par correspondance — 32
Livraison à domicile — 32
Téléachat — 15
Minitel — 14
Autres — 14

© *Libération*. Source: Crédoc

Lexique

un,e adepte	follower, enthusiast
d'un côté ... de l'autre ...	on the one hand ... on the other ...
un courrier	letter, post
d'enfer	hellish, excessive
en prime	as a free gift
un bon de commande	order form
un,e dingue de télé	TV fanatic, freak
confondre	to confuse, mix up
une centrale d'achat	central purchasing agency
un fou du clavier	keyboard freak
un ordinateur	computer
toutes catégories confondues	all categories taken together
se livrer bataille	to do battle with one another
multiplier	to increase (the number of)
une émission de télé-achat	teleshopping programme
la micro (micro-informatique)	microcomputing
autrement dit	in other words
être au point	to be ready
un gain de temps	saving of time
un échantillon	sample
évoquer	to mention
caritatif,-ive	charitable (association)
un argument de poids	weighty argument
de même que	just like, as well as
se lancer dans	to launch into, embark upon
se superposer	to overlap
se laisser tenté,e par	to let oneself be tempted by
vanté,e	praised
un,e animateur,-trice	host, presenter
en costume-cravate	wearing a suit and tie
être forcément	to be bound to be
rester planté,e devant	to remain transfixed in front of
on compte parmi eux	they include
autant de ... que de ...	as many ... as ...
un,e actif,e	working person, worker
un,e inactif,e	non worker
être issu,e de	to come from (a particular background)
un centre commercial	shopping centre
un atout majeur	great advantage
sédentaire	sedentary, stay-at-home
repasser	to re-examine, think again
une touche	key (of keyboard)

Présentation orale

En petits groupes, réalisez et présentez une étude détaillée des sept thèmes suivants. (10–15 minutes)

1 Les différentes catégories d'adeptes de l'achat à distance.
2 L'équipement installé pour faciliter la vente à distance.
3 Le consommateur-type de cette forme de commerce.
4 Les liens entre la VPC et le télé-achat.
5 Le profil des différentes catégories de télé-acheteurs.
6 La question du choix présenté aux télé-acheteurs.
7 L'évolution des consommateurs face aux nouvelles technologies.

Interview 1

A l'aide de cette étude, interviewez un(e) client(e) habitant à la campagne sur les aspects pratiques de la VPC. (8–10 minutes)

Interview 2

A partir des renseignements recueillis, interviewez un(e) adepte du télé-achat sur les avantages de cette forme d'achat à distance par rapport à la VPC. (8–10 minutes)

Reportage

En vous basant sur ces interviews, rédigez un article sur les conclusions à tirer de l'enquête menée par le Credoc pour un journal de publication en langue anglaise. (150–180 mots)

9E
t h è m e

Household appliances

Etude lexicale

A l'aide d'un dictionnaire, donnez en anglais l'équivalent des mots-clés suivants.

à cela s'ajoute	pour essayer de
aller sans problèmes	une facture d'électricité
une association de consommateurs	en fonction de
un centre de service agréé	un ménage
ne cesser de	régler la température
un circuit électrique	les résultats d'une étude
un communiqué de presse	le service clientèle
conserver des produits	se soucier de
la consommation d'énergie	le taux d'équipement
s'équiper de	varier du simple au triple

Enquête

En vous reportant à votre étude lexicale, traduisez le texte ci-dessous en français.

HOUSEHOLD APPLIANCES AND THEIR USERS

According to the findings of a survey carried out by a consumer group last month, the proportion of French people owning household appliances continues to rise. 97% of households now possess a refrigerator, 92% a washing machine, 91% a vacuum cleaner and 88% a cooker. More and more families have equipped themselves with a deep-freeze (46%), a microwave (45%) and a dishwasher (35%). However, buying these appliances is hardly ever a trouble-free matter. Last year, for example, one French manufacturer had to recall its latest model of vacuum cleaner because of faulty wiring. In an attempt to reassure the public, the customer service department published a press statement recommending that people who bought this model should take it in to an approved service centre.

Let's take another example, refrigerators. The findings of the consumer group's survey show that nearly one in two users in France doesn't know how to keep food properly refrigerated. Over 47% of owners don't bother to adjust the temperature for fresh produce or according to the load. To that may be added energy consumption which is often too high, as the expensive models are not necessarily the most economical. The survey concludes that the energy used by two refrigerators with a comparable volume may vary by a factor of three and lead to a difference of up to 400 francs a year on the electricity bill.

9F

enquête

L'acte d'achat aujourd'hui

Travail collectif

En petits groupes, discutez les 10 thèmes suivants.

1. Le développement de l'offre industrielle.
2. Les produits de consommation de masse.
3. Les appareils ménagers.
4. La prolifération des grandes surfaces.
5. Le rôle de la publicité.
6. Les étiquettes et les emballages.
7. Les nocturnes et l'ouverture dominicale.
8. L'achat à distance.
9. La consommation et le pouvoir d'achat.
10. Le rapport prix–qualité.

Sondage

En vous basant sur ces discussions, effectuez un sondage d'opinion sur l'infrastructure commerciale, les produits disponibles et le niveau de satisfaction des consommateurs.

1 Pour préparer votre sondage, composez un questionnaire qui vous permettra de recueillir des réactions sur le vif. (10–12 questions).

2 A partir de ce questionnaire, interrogez une dizaine de personnes sur le thème proposé. (15–20 minutes)

3 Présentez vos conclusions en faisant une conférence avec support visuel. (8–10 minutes)

4 Ecrivez un reportage sur les résultats de ce sondage pour un magazine de publication en langue française. (200–250 mots)

Consultez vite notre catalogue!

Outils de communication

10A
O p i n i o n s

Magazines d'information et Internet

Isabelle, lis-tu les magazines d'information?
Oui, je lis probablement plus souvent les magazines d'information que les journaux nationaux. En ce qui concerne la forme, la présentation de ces magazines, je trouve qu'ils sont plus attrayants que la presse traditionnelle; le format est plus pratique que celui d'un journal, ils sont en couleur, avec des illustrations: photos, graphiques, infographies . . .

En ce qui concerne le contenu, la différence majeure entre journaux et magazines d'information réside dans la façon dont l'information est présentée et analysée. Les journaux publient un ou plusieurs articles sur un sujet d'actualité et présentent l'information de manière plus ou moins factuelle. Les magazines d'information, quant à eux, proposent souvent des articles écrits par des journalistes différents, regroupés autour d'un même thème, sous forme de dossier. L'information y est donc présentée de manière moins factuelle et l'analyse est plus profonde que celle proposée dans les journaux.

En effet, les magazines d'information mettent l'information en perspective, et la situent dans un contexte plus large, par exemple, en la rapprochant des événements passés. N'ayant pas toujours le temps de lire la presse quotidienne, les dossiers des magazines d'information me permettent d'avoir une vision assez complète des grands thèmes d'actualité.

Laurent, es-tu un adepte d'Internet?
Au risque de surprendre, je dois avouer que j'ai longtemps été réfractaire à Internet alors que toutes les personnes de mon âge en étaient plus ou moins fanatiques. Même si mes amis me disent qu'Internet est un formidable outil de travail comme de loisir, que grâce à Internet, il n'y a plus de frontière et que l'on peut pour presque rien correspondre avec un Américain, un Argentin ou un Russe, je ne peux m'empêcher de rester méfiant.

Tout d'abord, je n'ai jamais aimé les ordinateurs que j'utilise certes, mais que je juge inhumains et froids. Ils ont tendance à ne pas fonctionner lorsqu'on en a le plus besoin et sans aucune raison précise. Tout cela ne me prédispose pas à apprécier Internet, d'autant qu'Internet pousse tous les défauts de l'ordinateur à leur paroxysme. Pour communiquer avec quelqu'un, je préfère de loin le téléphone, où l'on a le son de la voix, ou bien une lettre manuscrite et non pas tapée.

J'ai fini néanmoins par apprendre à utiliser Internet pour avoir accès à tout genre d'information. Mais ce que je reproche à Internet, c'est précisément le défaut de son avantage. Ainsi, l'on peut trouver quasiment tout ce que l'on y cherche et même les choses les plus choquantes. C'est un espace international qui ne relève pas de la juridiction des gouvernements. L'on peut y trouver des pages véhiculant des idées détestables, des images pornographiques ou encore le procédé de fabrication d'une bombe. Le tout à la portée de n'importe quel jeune ayant accès à Internet.

Opinions partagées

En petits groupes, discutez vos opinions sur les thèmes suivants. (10 minutes)

- les magazines d'information
- l'analyse de l'information
- les adeptes d'Internet
- l'accès à tout genre d'information
- les désavantages de l'ordinateur
- Internet comme espace international

Présentation

En vous aidant de ces discussions, faites un exposé oral sur les tendances actuelles de la présentation de l'information. (5 minutes)

Lexique

un magazine d'information	news magazine
attrayant,e	attractive
pratique	practical
un graphique	graph
une infographie	computer graphics
le contenu	contents
résider dans	to lie in
une façon	way
un sujet d'actualité	current, topical issue
quant à	as for
proposer	to offer
regrouper	to group, bring together
autour de	around, round
un thème	topic, subject
sous forme de	in the form of
un dossier	dossier, file
profond,e	deep
situer	to place, set
rapprocher de	to bring closer to
un événement	event
la presse quotidienne	the daily press
une vision	view
un,e adepte	enthusiast
avouer	to admit, confess
réfractaire à	resistant to
alors que	whilst, when
fanatique	fanatical, enthusiastic
formidable	great, fantastic
un outil de travail	work tool
le loisir	leisure, spare time
grâce à	thanks to
s'empêcher de	to stop oneself from (doing sth)
méfiant,e	suspicious, distrustful
un ordinateur	computer
fonctionner	to work (of machine)
d'autant que	all the more so as
pousser à son paroxysme	to push, drive to its highest point
un défaut	fault, defect
de loin	by far
un son	sound
manuscrit,e	handwritten
tapé,e	typed
néanmoins	nevertheless
un genre	sort, kind (of sth)
ce que je reproche à	what I don't like about (sth)
quasiment	practically, almost
un espace international	an international arena, sphere
relever de la juridiction de	to fall within (sb's) jurisdiction
véhiculer	to convey, serve as a vehicle for (information)
un procédé de fabrication	manufacturing process
à portée de	within reach of

10B
i n t e r v i e w

L'«Express» à l'heure de l'ordinateur

Vous allez entendre une interview de Christine Ockrent, directeur de la rédaction au magazine d'information *L'Express*.

Compréhension

Répondez en français aux questions suivantes.

1 Selon Christine Ockrent, qu'est-ce qui a changé dans le monde de l'information ces dernières années?

2 Quelle attitude un magazine d'information devrait-il adopter face à la télévision? Pourquoi?

3 Quelle importance Christine Ockrent prête-t-elle à l'écran?

4 Quelles qualités bien établies sont à retenir dans la nouvelle maquette de *L'Express*?

5 Comment la nouvelle formule servira-t-elle à mettre le magazine à l'heure de l'ordinateur?

6 De quelle façon a-t-on modifié le format du magazine?

7 Quel rôle sera attribué à l'image? Pourquoi?

8 Comment Christine Ockrent explique-t-elle le choix de la société de production Gédéon?

9 De quelle façon le GIE Le Point-Express permettra-t-il de relancer *L'Express*?

10 Quelle est la situation financière de *L'Express* aujourd'hui?

Note explicative

un GIE: Groupement d'intérêt économique association for developing commercial interests, here between the two news magazines *Le Point* and *L'Express*

Lexique

à l'heure de	at the time of, in the age of
la rédaction	editorial staff, offices
aborder	to tackle, approach
un mode d'accès	way, means of access
un niveau	level, standard
niveler	to bring to the same level
un rouleau compresseur	steamroller
un parti pris	bias
rendre du relief	to enliven, bring out the character of
une préoccupation	concern, worry
la lecture	reading
un lieu de passage	thoroughfare
l'écriture (f)	writing
une idée force	key idea
une maquette	model, paste-up
mettre en valeur	to highlight, show (off) to good advantage
s'appuyer sur	to stress, put the emphasis on
une navigation	(computer) browsing
une arborescence	(computer) diagram
un sommaire	(table of) contents
au sein de	(with)in
mettre qn en appétit	to whet sb's appetite
scander le rythme	to give rhythm to
une brève	news flash
un traitement	handling, processing
cinétique	kinetic
l'habillage télé	tv presentation, packaging
néophyte (adj)	novice, new convert
un pari	bet, gamble
décalé,e par rapport à	out of step with
un news	news magazine
s'effriter	to crumble (away), decline
rebondir	to pick up again
surmonter	to overcome (a crisis)
l'efficacité (f)	efficiency, effectiveness
un,e concurrent,e	(commercial) rival
sain,e	healthy, in good health
être en mesure de	to be in a position to
autofinancer	to finance (sth oneself)
une relance	revival

L'«Express» à l'heure de l'ordinateur

Une interview de Christine Ockrent, directeur de la rédaction au magazine d'information *L'Express*.

Que doit faire un magazine d'information générale pour survivre aujourd'hui à l'offre audiovisuelle?

Beaucoup de choses ont changé dans la manière dont le lecteur aborde l'information: les modes d'accès sont différents. A présent, le niveau d'information est plus élevé mais il est nivelé par le rouleau compresseur de la télévision et son parti pris émotionnel. Seule la presse écrite peut rendre du relief et du sens. La télévision ne surprend plus vraiment, et je pense qu'un grand magazine d'information n'a pas à mettre la télévision au centre de ses préoccupations.

L'Express aura donc un nouveau visage?

Dans nos habitudes de lecture, le grand changement est à mon avis celui de l'ordinateur, qui peut offrir à l'écrit et à la presse une nouvelle utilité. C'est-à-dire non pas l'écran de télévision mais l'écran de l'ordinateur, qui devient de plus en plus le lieu de passage obligé de l'écriture comme de la lecture.

Quelle est l'idée force de la nouvelle maquette de L'Express?

D'abord de mettre en valeur le contenu du journal, tout ce qui depuis quarante ans en fait la réputation: l'écriture, le grand reportage, l'analyse. La nouvelle formule s'appuie sur une navigation plus claire, inspirée de l'informatique, avec son arborescence. Celle-ci permet d'avoir des niveaux de lecture différents, avec des articles longs et d'autres beaucoup plus courts.

Le format a donc été modifié?

Après un sommaire général, on retrouve à cinq reprises au sein du journal, un nouveau menu, qui met le lecteur en appétit et l'entraîne dans une autre séquence. Afin de scander le rythme de lecture, chaque séquence se termine par une page de brèves. Par ailleurs, nous donnons plus de place à la photo et à l'infographie pour un traitement plus dynamique et plus cinétique de l'image. Nous pensons en effet que plus le téléspectateur absorbe de l'image qui bouge, plus il a envie de s'arrêter sur des images fortes.

Pourquoi avoir choisi la société de production Gédéon, spécialisée dans l'habillage télé mais totalement néophyte dans cet exercice de presse?

C'était justement le pari. Prendre une équipe jeune d'une trentaine d'années en moyenne, qui baigne dans la culture de l'image plutôt que de l'écrit, et qui en même temps le respecte, surtout *L'Express*, le magazine de leurs parents! L'intérêt était leur fraîcheur et leur approche décalée par rapport à notre culture maison.

Peut-on considérer, avec ce nouvel Express, que le titre a atteint le bout du tunnel de la crise?

L'Express, qui reste le premier news français, a eu tendance à s'effriter ces dernières années. Le GIE Le Point-L'Express a permis au *Point* de rebondir et aux deux titres de surmonter la crise de la publicité avec bien plus d'efficacité que ses concurrents. Aujourd'hui, *L'Express* est économiquement sain et nous sommes en mesure d'autofinancer sa relance.

Propos recueillis par Jean-Louis Peytavin,
Le Figaro économie, 26 septembre 1995

Présentation

En fonction de vos réponses aux questions précédentes, faites un exposé oral sur les solutions préconisées par Christine Ockrent afin de faire face au défi audiovisuel. (4–5 minutes)

Interview

Relisez le texte, puis interviewez une de vos connaissances sur ses préférences entre la presse quotidienne, les magazines d'information et la télévision. (5–10 minutes)

Reportage

A l'aide des renseignements recueillis, rédigez un article sur les modifications faites afin de relancer *L'Express* pour un journal de publication en langue française. (120–150 mots)

10C

l e s   g e n s

Véronique Lopez: son auto, c'est son bureau!

Véronique Lopez, qui conduit à 100 à l'heure ses relations extérieures, a fait de sa voiture l'annexe de son agence de pub. Dans sa voiture, elle parle toute seule. Ne pas s'affoler: elle téléphone. Véronique Lopez a une agence de relations extérieures et des clients qui veulent pouvoir la joindre en direct à n'importe quelle heure. Aussi s'est-elle équipée pour garder le contact avec eux et ne pas perdre une minute d'un temps qui vaut de l'or.

Son auto, une petite Nissan bien briquée, c'est son bureau. Son deuxième bureau. Direction assistée et téléphone mains libres avec 90 numéros en mémoire lui permettent de conduire ses affaires en même temps que sa voiture. Un dictaphone à droite, un bloc de «post-it» à gauche, un stylo Pilot, le seul qui ne sèche pas et soit prêt à l'emploi sans manipulations, les journaux pour la revue de presse quotidienne, l'agenda pour les rendez-vous . . .

Véronique joue tout cela comme un quatre-mains. Grâce à la conduite automatique, elle se maquille aux feux rouges ou avale de la main gauche ses rouleaux de printemps les jours sans resto. Son agenda ne la quitte jamais. Elle a choisi un modèle pas trop grand pour qu'il puisse entrer dans son sac lors d'un cocktail ou d'un dîner.

Dans sa voiture, il y a vraiment tout. Une bombe de laque pour le coup de peigne, un vernis à ongles en stylo pour les retouches, une eau de toilette pour le parfum d'ambiance, une eau dynamisante de Clarins pour le coup de pompe et une toute petite Evian en cas de grande soif. Sur son téléphone, Véronique a les numéros de tous ses fournisseurs: boucher, épicier, fromager. Elle fait tout livrer. Un coup de fil est si vite passé!

Janie Samet, *Le Figaro*, 10 avril 1996

Lexique

conduire	to drive (a car), to conduct (business)
une agence de pub	advertising agency
s'affoler	to panic, get into a panic
rejoindre	to get in touch with
valoir de l'or	to be very valuable, priceless
briquer	to polish up
la direction assistée	power steering
un bloc	(note)pad
sécher	to dry (up)
la revue de presse quotidienne	review of the daily papers
un agenda	diary
se maquiller	to put make-up on
les feux rouges	traffic lights
avaler	to swallow
un rouleau de printemps	spring roll
lors de	during
un cocktail	cocktail party
une bombe de laque	can of hairspray
un coup de peigne	(to give one's hair) a comb
un vernis à ongles	nail varnish
une eau dynamisante	toilet water, atomiser
pour le coup de pompe	for when you're tired
un fournisseur	supplier
faire livrer	to have (goods) delivered
passer un coup de fil	to make a phone call

Notes explicatives

Clarins manufactuer of cosmetics and skin care products
Evian brand of bottled mineral water

Portrait

En utilisant les données ci-dessous, faites oralement le portrait de Véronique Lopez en tant que
femme d'affaires. (4–5 minutes)

> Une agence de pub – son deuxième bureau – la
> conduite automatique – un téléphone mains
> libres – les clients et les fournisseurs – son
> agenda – un dictaphone – sa tenue recherchée –
> un cocktail ou un dîner – le coup de pompe.

Interview

A partir de ce portrait, interviewez Véronique
Lopez sur la gestion de son agence, ses déplacements et ses outils de communication.
(5–10 minutes)

Reportage

A l'aide de cette interview, rédigez un article sur la
vie professionnelle de Véronique Lopez pour un
journal de publication en langue anglaise.
(120–150 mots)

Véronique Lopez au volant

10D

r e p o r t a g e

Frognet, du tricolore sur Internet

Les échanges francophones s'étendent rapidement sur Internet. Indépendamment des groupes de discussion en français créés par des particuliers sur des sujets spécifiques, l'administration française a développé un réseau rassemblant aujourd'hui 10 000 à 15 000 personnes à travers le monde. Frognet a été lancé en mars 1992 par le conseiller scientifique de l'ambassade de France à Washington, Bruno Oudet.

Frognet est le genre d'initiatives un peu clandestines qui ne trouvent leur légitimité qu'après coup. Pour lancer un réseau susceptible de piétiner autant de plates-bandes administratives (Quai d'Orsay, ministères de la Recherche, de la Francophonie, éventuellement Culture et Information), il a fallu louvoyer et obtenir dès le départ un soutien «politique» sans faille. L'ambassadeur de France, Jacques Andréani, a donné son aval au projet de la Mission scientifique de Washington début 1992, mettant une sourdine aux critiques.

Pour le contenu, la Mission s'est d'abord tournée vers l'Agence France-Presse dont les dépêches étaient retraitées sous forme de synthèse de quelques pages envoyées sur le réseau via un «serveur de liste». Rien que de très classique dans la structure d'Internet: des messages textes sont adressés directement et gratuitement à ceux qui en font la demande.

Dès son lancement, le service a suscité un vif intérêt chez les expatriés connectés au Net, avides de nouvelles hexagonales. Moins d'un an après son lancement Frognet comptait 2 000 abonnés. La courbe a monté calmement jusqu'à 3 000 avant de décoller: depuis le début de cette année, le nombre de Français ou francophones abonnés à Frognet a quadruplé. Entre-temps, l'AFP s'est retirée du projet. Offrant son service gratuitement au départ, l'Agence s'est inquiétée d'un possible pillage lié à cette diffusion sauvage.

Depuis, Radio France Internationale (RFI), plus ouverte à ce type d'expérience, a pris le relais. Tous les jours, RFI envoie sur Frognet un bulletin d'information, une revue de presse complète, quelques informations économiques. En tout, une quinzaine de pages de texte que reçoivent les 8 500 abonnés de Frognews. Ce chiffre est d'ailleurs une estimation prudente puisque sur certains sites, une seule personne redistribue Frognews sur la messagerie interne.

Aujourd'hui, près des deux tiers des abonnés résident aux Etats-Unis, le reste se répartissant entre une quinzaine de pays. Les autres services de Frognet sont: Frogjobs, une bourse pour l'emploi, Frogmag, un magazine électronique mensuel, FrenchTalk, un forum de discussion, en attendant d'autres services pour les francophones «connectés».

Frédéric Filloux, *Libération*, 30 juin 1995

Notes explicatives

tricolore French, from the three-coloured national flag

le Quay d'Orsay French Foreign Office

l'Agence France-Presse (AFP) France's major, independent news agency

Radio France Internationale (RFI) a recently created, independent radio station

Lexique

francophone	French-speaking (person, country)
s'étendre	to grow, spread
un particulier	(private) individual
l'administration (f)	administration, government
un réseau	network, system
rassembler	to bring (people) together
lancer	to launch
une ambassade	embassy
clandestin,e	illegal, underground
la légitimité	legitimacy, lawfulness
ne . . . qu'après coup	not until afterwards, after the event
susceptible de	likely to
piétiner les plates-bandes de qn	to encroach on sb's territory
la Francophonie	French-speaking world
éventuellement	possibly
louvoyer	to manoeuvre
dès le départ	right from the start
un soutien	support
sans faille	unfailing
donner son aval à	to endorse
mettre une sourdine à	to tone down (criticism)
une dépêche	(agency) dispatch
retraiter	to reprocess
une synthèse	synthesis, summary
rien que de	only, nothing but, just
classique	classic, standard
adresser à	to direct, send to
gratuitement	free (of charge)
un lancement	launch, setting up
susciter un vif intérêt	to arouse keen interest
avide de	avid, eager for
des nouvelles hexagonales	French news, news from France
un,e abonné,e	subscriber
une courbe	curve, graph
décoller	to take off, rise sharply
se retirer de	to withdraw from
un pillage	plundering, plagiarism
une diffusion sauvage	illegal broadcasting, circulation
prendre le relais	to take over (from sb)
se répartir	to be split, shared
une bourse pour l'emploi	employment exchange

Présentation orale

En petits groupes, réalisez et présentez une étude détaillée des sept thèmes suivants. (10–15 minutes)

1 La création et l'étendue de Frognet.
2 Le côté quasi-clandestin du lancement de ce réseau.
3 La source et la forme des messages envoyés sur le réseau.
4 L'expansion progressive de Frognet.
5 La collaboration avec l'Agence France-Presse et Radio France Internationale.
6 Les abonnés de Frognews et les informations qu'ils reçoivent.
7 Les autres services offerts aux abonnés de Frognet.

Interview 1

A l'aide de cette étude, interviewez le responsable de la programmation chez Frognet sur les informations diffusées et le public auquel elles sont destinées. (8–10 minutes)

Interview 2

A partir des renseignements recueillis, interviewez un Français habitant à l'étranger sur les raisons pour lesquelles il s'est abonné à Frognews. (8–10 minutes)

Reportage

En vous basant sur ces interviews, rédigez un article sur la création, l'évolution et les abonnés de Frognet pour un journal de publication en langue anglaise. (150–180 mots)

A new specialist magazine

Lexique

A l'aide d'un dictionnaire, donnez en anglais l'équivalent des mots-clés suivants.

actuellement disponible	les matériels
assister à	un mélange
chaque numéro	un micro multimédia
consacré,e à	de notre époque
corriger une photo	passer en revue
un déclin relatif	un paysage en trois dimensions
au foyer	pourvoir aux besoins de
joindre à	un support interactif
lire davantage	la vente par correspondance
ludique	viser un lectorat

Entretien

En vous reportant à votre étude lexicale, traduisez le texte ci-dessous en français.

THREE QUESTIONS FOR THE EDITOR

Didier Coste, what readership are you aiming at with the launch of Multimédia Plus*?

We are catering for the interests and needs of the increasing number of young people who have already equipped themselves with a multimedia microcomputer. The main aim of our magazine is to allow these users to work and learn more easily while at the same time enjoying themselves at home.

Why have you chosen to launch a new monthly in this field at this time?

The arrival of multimedia – a combination of texts, sounds and pictures – has already had far-reaching repercussions on the future of the specialist press. While we are witnessing a comparative decline in the daily press, people are reading more magazines specifically devoted to the new activities of our time. That is the reason why we attach a CD-ROM with every issue of Multimédia Plus, as an interactive aid which will guide the beginner's first steps.

Would you describe the format of Multimédia Plus for us?

Our magazine is divided into three main sections. In the first, we explain how to create a three-dimensional scene, for example, or how to adjust photos. In the second, we test the hardware currently available in specialist shops or mail order catalogues. Finally, we review a wide selection of the new educational, cultural and recreational CD-ROMs on sale.

*Multimédia Plus a fictitious title

10F

e n q u ê t e

Informations et communications

Travail collectif

En petits groupes, discutez les 10 thèmes suivants.
(15–20 minutes)

1. La presse quotidienne et les magazines d'information.
2. Les changements dans le paysage audiovisuel.
3. La radio, la télévision et le Minitel.
4. La nouvelle génération de téléphones mobiles.
5. L'équipement des particuliers en micro-ordinateurs.
6. Les périodiques spécialisés en informatique.
7. L'avènement du multimédia.
8. Les nouveaux supports interactifs.
9. Le service Internet grand public.
10. Le supermarché électronique de l'avenir.

Interview

En vous basant sur ces discussions, interviewez Franck Roblet, consultant en communication, sur les moyens préférés aujourd'hui d'obtenir et d'envoyer des informations.

1. Pour préparer cette interview, composez un questionnaire sur le thème proposé. (10–12 questions)

2. Avant l'interview, vous présentez à un(e) collègue les idées que vous voulez aborder avec Franck Roblet, ainsi que l'orientation générale de l'entretien. (5–10 minutes)

3. A partir de cette préparation, interviewez Monsieur Roblet dans son bureau en enregistrant l'entretien. (15–20 minutes)

4. Rédigez une version éditée de cette interview pour un magazine de publication en langue française. (200–250 mots)

Nos revues d'informatique

DOSSIER

11

L'environnement au quotidien

11A

opinions

La pollution à Dijon

Isabelle, la pollution à Dijon pose-t-elle un problème grave pour les habitants?
Lorsqu'on compare le niveau de pollution avec celui d'autres villes françaises, il faut conclure que Dijon ne se trouve pas dans une région particulièrement polluée, que ce soit en ce qui concerne la pollution de l'air ou celle de l'eau. Il y a bien sûr un certain nombre d'industries, en particulier sur la zone industrielle de Longvic au sud de notre ville, mais elles sont en général peu polluantes.

En ce qui concerne la pollution de l'air, d'énormes efforts ont été faits: l'accès au centre-ville de Dijon est presque entièrement limité aux piétons et aux bus. Un important réseau de transports publics couvrant toute la ville (bus nombreux et réguliers, prix du ticket peu élevé) incite les habitants à utiliser les transports en commun plutôt que leur voiture. La compagnie de bus a même innové en mettant en place quelques bus utilisant du colza comme carburant.

Mais la vigilance est toujours à l'ordre du jour, surtout en ce qui concerne la pollution de l'eau. Il y a quelques années, une grave erreur a été commise lorsqu'un château d'eau a été construit immédiatement au-dessus du site d'une ancienne usine: l'eau pompée était polluée car la nappe phréatique avait été souillée par les déchets de l'ancienne usine. Inutile de dire que ce château d'eau n'est plus utilisé aujourd'hui.

Laurent, partages-tu les opinions d'Isabelle?
Tout à fait, je suis d'accord avec Isabelle. Dijon est une ville de province où la pollution est loin d'atteindre des niveaux records constatés dans d'autres villes françaises. Il y a des zones industrielles importantes bien évidemment, mais aucune entreprise vraiment polluante ne s'y trouve, ou tout au moins, s'il y en a, on ne s'en rend pas compte.

L'air de Dijon est propre, principalement parce que, comme le dit Isabelle, le centre-ville n'est autorisé qu'aux bus et aux taxis. Cela permet d'avoir une circulation nettement moins importante en ville. Bien sûr, cela ne marche que si l'on peut s'appuyer sur un service de transports en commun efficace, et il faut dire que le service de bus dijonnais est depuis quatre ans élu comme étant le meilleur de France.

Ce combat pour remplacer les voitures par des transports en commun n'est d'ailleurs pas une exclusivité dijonnaise. Partout en France, on tente d'en passer par là afin de diminuer la pollution de l'air de nos villes. C'est ainsi que dans quelques grandes villes françaises telles que Bordeaux, Nantes, Rennes et Strasbourg, on assiste au retour d'un moyen de transport non polluant mais jugé désuet il y a quelques années: le tramway. A Dijon, nous n'en sommes pas encore là. Le seul problème peut parfois venir de l'eau, comme l'a expliqué Isabelle, mais il est à présent réglé. On peut dire qu'à Dijon, les gens ne se sentent vraiment pas concernés par la pollution.

Opinions partagées

En petits groupes, discutez vos opinions sur les thèmes suivants. (10 minutes)

- la pollution de l'air à Dijon
- la pollution de l'eau à Dijon
- l'accès au centre-ville
- le service de transports publics dijonnais
- le retour du tramway dans les villes françaises
- les Dijonnais face à la pollution

Présentation

En vous aidant de ces discussions, faites un exposé oral sur les développements récents dans les transports à Dijon et ailleurs afin de combattre la pollution de l'air. (5 minutes)

Lexique	
grave	serious
un,e habitant,e	inhabitant, resident
un niveau	level
que ce soit	whether it is
une zone industrielle	industrial estate
polluant,e	polluting
un,e piéton,-onne	pedestrian
un réseau	(transport) network, system
peu élevé,e	low (cost, price)
inciter qn à	to encourage sb to (do sth)
les transports en commun	public transport
plutôt que	rather than
innover	to innovate, break new ground
le colza	rapeseed (oil)
un carburant	fuel
à l'ordre du jour	on the agenda
un château d'eau	water tower
au-dessus de	above
ancien,-ienne	old, former
une usine	factory
une nappe phréatique	ground water
souiller	to soil, pollute
les déchets (mpl)	waste material
inutile de dire	needless to say
atteindre	to reach
constater	to note, notice
à tout le moins	at the very least
se rendre compte de	to realize (sth)
autoriser	to permit, approve
la circulation	traffic
nettement	markedly, decidedly
marcher	to run, work
s'appuyer sur	to depend, rely on
efficace	efficient
élu,e	chosen
un combat	battle, struggle
remplacer	to replace
d'ailleurs	besides, moreover
une exclusivité dijonnaise	exclusive to Dijon
partout	everywhere
tenter de	to attempt, try to
en passer par là	to follow this route, adopt this method
afin de	in order to
diminuer	to reduce, lower
c'est ainsi que	that's the way that
on assiste à	we are witnessing
un moyen de transport	means of transport
juger	to judge, consider
désuet,e	outmoded
nous n'en sommes pas encore là	we haven't reached that stage, point yet
parfois	sometimes
à présent	at present, now
régler	to settle, solve (a problem)

Heure de pointe place d'Italie

11B
interview

La qualité et la gestion de l'eau

Vous allez entendre une interview de Bernard Baraqué, urbaniste et chercheur, qui compare la gestion de l'eau dans les pays de l'Union européenne.

Compréhension

Répondez en français aux questions suivantes.

1 Selon Bernard Baraqué, en quoi consiste le problème de la potabilité de l'eau dans les pays de l'Union européenne?

2 Quelle solution adopte-t-on face à ce problème?

3 Pourquoi Bernard Baraqué affirme-t-il que les consommateurs d'eau sont exigeants?

4 La qualité de l'eau est-elle meilleure en France que dans les pays voisins? Expliquez.

5 Le prix de l'eau est-il plus élevé en France que chez ses voisins? Donnez les exemples cités.

6 La gestion par les entreprises privées garantit-elle une meilleure qualité d'eau? Expliquez.

7 Pour quelles raisons certaines collectivités font-elles appel aux entreprises privées? Donnez les deux cas cités.

8 Réduira-t-on la consommation d'eau en installant des compteurs individuels? Expliquez.

9 Où Bernard Baraqué recommende-t-il plus particulièrement d'installer des compteurs? Pourquoi?

10 Selon Bernard Baraqué, quel sera le moyen le plus efficace de réduire la consommation d'eau en France?

Lexique

un robinet	tap
arriver à	to manage, succeed in
l'eau potable	drinking water
les eaux d'égout	sewage
imposer	to impose, lay down (rules, regulations)
un critère de potabilité	criterion, standard for drinking water
un casse-tête chinois	headache, very difficult problem
s'orienter vers	to turn to, move towards
souterrain,e	underground, subterranean
une pression	pressure
le chlore	chlorine
couler	to flow, run
le calcaire	calcium
formé,e	trained, educated
exigeant,e	demanding
sanitaire	(from the point of view of) health
épargner	to save, spare
municipal,e	local, by the town
le taux de délégation	rate, level of delegation
un clivage	divide, division
un traiteur	processor (of water)
prévoir	to plan, provide for
le renouvellement	renewal, replacement
les installations (fpl)	facilities
un,e imprévoyant,e	improvident person
faire rebondir	to push up (price, cost)
une collectivité	(local) community, authority
s'en sortir	to manage, cope
réaliser	to make (an investment)
la pose de compteurs	fitting, installing meters
maîtriser	to control, bring under control
histoire de	just to (do sth)
facturer	to invoice, charge for
une location	rent, renting
un relevé	statement, (meter) reading
quasi incompressible	almost impossible to reduce
une note	bill
grimper en flèche	to soar, go sky high
un pavillon	(detached, suburban) house
l'arrosage (m)	watering (the garden)
un usage	use
valoir le coup	to be worth doing
faire des économies	to save, make savings
la chasse d'eau	toilet flush
débiter	to use, output (water)
gourmand,e	heavy (on consumption)
un plombier	plumber

La qualité et la gestion de l'eau

Une interview de Bernard Baraqué, urbaniste et chercheur, qui compare la gestion de l'eau dans les pays de l'Union européenne.

La qualité de l'eau du robinet est-elle très différente selon les pays?

On peut toujours arriver à faire une eau parfaitement potable avec des eaux d'égout. Mais comme la réglementation impose en Europe 64 critères de potabilité, c'est un casse-tête chinois pour les distributeurs d'eau. On s'oriente de plus en plus vers la préservation des ressources, de surface ou souterraines, pour pouvoir potabiliser facilement, sans ajouter trop de produits chimiques.

Pourquoi cette tendance?

Parce que la vraie pression des consommateurs est là. Ils ne connaissent rien aux soixante-quatre critères, mais n'ont pas confiance dans l'eau potable, parce qu'ils sentent le goût du chlore, qu'ils voient couler du calcaire ... Ils ne sont pas formés, mais ils sont exigeants.

Quelle est la qualité de l'eau française?

Pour la potabilité sanitaire, l'eau est formidable en France. Il y a certes trop de nitrates à certains endroits, des pesticides, mais les ressources françaises ont été mieux épargnées par l'agriculture qu'aux Pays-Bas ou en Allemagne, en Angleterre ou en Italie du Nord. Logiquement, l'eau est moins chère chez nous qu'en Allemagne, et à peu près au même prix qu'en Angleterre et aux Pays-Bas.

La gestion municipale de l'eau donne-t-elle de meilleurs résultats que la délégation aux entreprises privées?

En France, le taux de délégation est beaucoup plus important que dans le reste de l'Europe continentale. Mais le principal clivage n'est pas entre gestion privée ou publique. Il y a d'un côté les traiteurs d'eau capables de prévoir à long terme le renouvellement de leurs installations, qui finissent par avoir des prix moins élevés au bout de quelques années. Et les imprévoyants, qui doivent faire rebondir le prix de l'eau pour faire face à l'urgence. Certaines collectivités délèguent au privé quand elles ne savent plus comment s'en sortir techniquement, et qu'il faut réaliser un gros investissement.

La pose de compteurs individuels peut-elle aider à maîtriser la consommation d'eau?

Les gens qui veulent ces compteurs, histoire de ne pas financer la consommation de leurs voisins, vont certes payer moins cher en consommation. Mais comme on va leur facturer la location du compteur et son relevé, ils vont finalement payer davantage. Et les familles avec de jeunes enfants, dont la consommation est quasi incompressible, vont voir leur note grimper en flèche. En revanche, il faut des compteurs d'eau dans les pavillons, car là, le prix de la consommation est élastique, à cause de l'arrosage du jardin, du lavage des voitures, tous usages extérieurs à la maison. L'eau n'est pas assez chère en France aujourd'hui pour que cela vaille le coup de mettre des compteurs partout.

Il ne sera donc pas possible de réduire la consommation d'eau?

Là où on fera de vraies économies, c'est en refaisant l'appartement: on change la chasse d'eau, on met une douche qui débite moins, on renouvelle les lave-linge pour des modèles moins gourmands en eau. Les grosses économies se font dans les équipements. Ceux qu'il faut former, ce sont les plombiers.

Propos recueillis par Hélène Crié, *Libération*, 7 février 1996

Présentation

En fonction de vos réponses aux questions précédentes, faites un exposé oral sur la qualité de l'eau en France. (4–5 minutes)

Interview

Relisez le texte, puis interviewez une de vos connaissances habitant dans un appartement sur la pose éventuelle des compteurs individuels d'eau. (5–10 minutes)

Reportage

A l'aide des renseignements recueillis, rédigez un article sur la qualité et la gestion de l'eau en France pour un journal de publication en langue française. (120–150 mots)

11C
l e s   g e n s

Carole: aller plus vite à Paris

Boulot, vélo, Carole Caufman-Thual a l'art de ne pas perdre de temps! Belle comme un top model, Carole est responsable de style chez Monoprix. La mode enfant, c'est elle! Quand elle n'est pas à l'autre bout de la terre, c'est qu'elle est entre deux tours de roue. A Paris, cette quadragénaire mène sa vie à . . . 20 à l'heure, la vitesse de son vélo. «Je gagne du temps, affirme-t-elle, le vélo me met à dix minutes de tout. Les embouteillages, je ne connais pas!»

Et pour rien au monde, elle ne se priverait de ses balades en ville, ni du plaisir de remonter le boulevard Saint-Germain . . . à contresens dans le couloir des bus. Surtout depuis qu'une facture de 40 000 F de PV pour stationnement interdit l'a fait renoncer définitivement à la voiture. «Dans mon métier, c'est le moyen de locomotion idéal. Il me permet d'humer l'air de la rue, voir comment les gens s'habillent et ce qui se passe dans les vitrines sans perdre une seconde.»

Son engin n'a rien du premier venu, un «city-bike» léger, équipé des mêmes vitesses qu'un «mountainbike». «C'est indispensable pour ne pas s'épuiser dans les côtes, déclare Carole, la rue de Rome est un rude morceau!» Bien évidemment, elle a supprimé le sac à main au profit du sac à dos mais c'est sa seule concession vestimentaire. Elle porte tout: jupes longues retenues avec des élastiques – la reine du système D c'est elle – pantalons, minis, tout sauf les manteaux qu'elle remplace par une doudoune bien chaude sept mois sur douze.

Accessoire indispensable, les gants qu'elle possède par dizaines, pour toutes les saisons. Ceux du jour semblent avoir déjà vécu plusieurs vies. «Il faut se faire une raison et accepter une fois pour toutes de malmener ses affaires», admet-elle, et pour preuve, elle montre ses mocassins dont les talons gardent l'empreinte des pédales. De tout petits inconvénients par rapport aux bénéfices qu'elle en tire: «Le vélo m'a permis de développer une autorité naturelle – il faut bien s'imposer face aux voitures – et de décompresser avant d'arriver au bureau ou à la maison.» Un moyen, en somme, de ne jamais perdre les pédales.

Catherine Saint-Jean, *Le Figaro*, 10 avril 1996

Lexique

la mode enfant	children's fashion
entre deux tours de roue	on one's bicycle
un,e quadragénaire	person in their forties
une vitesse	speed, gear (on bicycle, in car)
gagner du temps	to save time
un embouteillage	traffic jam
je ne connais pas!	I've never heard of it, them!
se priver de	to do, go without
une balade en ville	ride about town
remonter à contresens	to ride the wrong way (up a street)
faire renoncer à	to make (sb) give up (sth)
un moyen de locomotion	means of transport
humer	to breathe in, inhale (the air)
une vitrine	shop window
un engin	vehicle
rien du premier venu	no ordinary (bicycle)
s'épuiser	to exhaust oneself
une côte	hill
un rude morceau	hard stretch, difficult undertaking
supprimer	to do away with
au profit de	in favour of
sauf	except
une doudoune	down jacket
se faire une raison	to resign oneself to it
malmener ses affaires	to handle one's belongings roughly
pour preuve	as proof
un talon	heel (of shoe)
une empreinte	imprint, scuff mark
un inconvénient	disadvantage, drawback
par rapport à	compared with, in comparison with
tirer des bénéfices de	to gain advantage from
s'imposer	to make one's presence felt
décompresser	to relax, unwind
en somme	all in all
perdre les pédales	to lose one's grip, get muddled up

Notes explicatives

boulot, vélo literally 'work, bike', a variation on **métro, boulot, dodo**: 'metro, work, sleep', ie the daily grind

Monoprix popular chain of supermarkets

20 à l'heure: 20 kilomètres à l'heure approx. $12\frac{1}{2}$ mph.

le boulevard Saint-Germain Parisian boulevard on the left bank

PV (procès-verbal) pour stationnement interdit parking ticket

la rue de Rome street running uphill from the Gare St-Lazare

Portrait

En utilisant les données ci-dessous, faites oralement le portrait de Carole Caufman-Thual en tant que femme active et cycliste heureuse.
(4–5 minutes)

Un top model – une quadragénaire – une autorité naturelle – la mode enfant – un PV pour stationnement interdit – l'abandon de la voiture – un moyen de locomotion idéal – ses balades en ville – les embouteillages – sac à dos, gants et mocassins.

Interview

A partir de ce portrait, interviewez Carole Caufman-Thual sur son travail, ses balades en ville et les bénéfices qu'elle tire de son vélo.
(5–10 minutes)

Reportage

A l'aide de cette interview, rédigez un article sur les déplacements de Carole Caufman-Thual à Paris pour un journal de publication en langue anglaise.
(120–150 mots)

La vie à 20 à l'heure

11D

reportage

Les trois objectifs de Strasbourg

En 1985, Strasbourg était classée parmi les villes les plus polluées de France. Une pollution d'origine industrielle pour l'essentiel. Visité en outre par 240 000 véhicules par jour (aujourd'hui 200 000 soit 17% de moins et deux fois moins de soufre dans l'air), le centre-ville était asphyxié. Arrivée au pouvoir en 1989, l'équipe de Catherine Traut-mann se donne trois objectifs: redynamiser les transports collectifs, élaborer un nouveau plan de circulation dans le centre-ville, et améliorer le cadre de vie.

«Avec le tram et les parkings-relais, ça ne vaut vraiment plus la peine de se casser la tête à trouver une place de stationnement en ville, le samedi, quand je vais faire mes courses!» Françoise habite une commune excentrée, et comme elle, des dizaines de milliers d'automobilistes ont profité cette année des parkings-relais-tram. Les Alsaciens ont en effet très vite compris l'intérêt de ce que les Anglo-Saxons appellent les «park and rides», à l'extérieur des villes: prix attractif (12 francs), temps de stationnement illimité et un ticket aller-retour sur le tram pour chaque passager de la voiture. Autant de raisons de goûter aux joies du transport en commun.

La Compagnie des Transports strasbourgeois, fondée il y a plus d'un siècle, a subi une sérieuse cure de remise en forme. 400 autobus supplémen-taires qui roulent désormais au gazole à basse teneur en soufre (plus cher mais moins polluant). Et elle a mis en service en novembre 1994 son fameux tramway, dont la technologie de pointe comme l'esthétisme ont généré un succès public inespéré: 50 000 personnes empruntent quotidien-nement le tram, dont les rames parcourent chaque jour 4 000 kilomètres. Avec le tramway, la fréquentation des transports en commun a aug-menté de 30%, et le principe d'une seconde ligne de tram d'une dizaine de kilomètres vient d'être voté par les élus locaux de tous bords.

Au départ, le nouveau plan de circulation a sus-cité des inquiétudes, notamment chez les com-merçants: le secteur piétonnier était passé de 62 000 mètres carrés en 1989 à 94 000 mètres car-rés actuellement, sans compter les squares et les espaces verts supplémentaires, et il rend impossible tout trafic de transit au coeur de la ville. Celui-ci n'est pas pour autant fermé aux automobiles qui peuvent y accéder par quatre «bouches de circula-tion». Strasbourg était déjà la première ville cyclable de France; 15% des déplacements s'y font à bicyclette. Le réseau de pistes cyclables atteint aujourd'hui 167,5 kilomètres, dont plus de 90 à Strasbourg-ville. Ceux-ci peuvent aussi emprunter les couloirs de bus et certaines rues en sens interdit du centre-ville.

Marie Brassart-Goerg, *Le Nouvel Observateur*,
11–17 janvier 1996

Notes explicatives

Catherine Trautmann   socialist mayor of Strasbourg
une commune   smallest administrative district in France
les Alsaciens   inhabitants of the department of Alsace, in the east of France, which has Strasbourg as its capital
les Anglo-Saxons   English-speaking nations, particu-larly in Britain and North America

Un arrêt de tram à Grenoble

Lexique

classer parmi	to classify, rank among
pour l'essentiel	mainly
en outre	in addition
soit	that is
arriver au pouvoir	to come to power, to political office
redynamiser	to revitalize
élaborer	to work out, develop (a plan)
améliorer	to improve
le cadre de vie	(living) environment
valoir la peine de	to be worth (doing sth)
se casser la tête	to rack one's brains
une commune excentrée	outlying village, district
profiter de	to take advantage of
à l'extérieur des villes	out of town
autant de	just so many (reasons)
goûter aux joies de	to sample the joys of
subir une cure de remise en forme	to undergo modernization
rouler au gazole	to run on diesel (fuel)
désormais	from now on, henceforth
à basse teneur en soufre	with a low sulphur content
la technologie de pointe	advanced, state-of-the-art technology
l'esthétisme (m)	attractive, elegant appearance
inespéré,e	unhoped for, unlooked for
emprunter	to take (a means of transport)
une rame	train, group of carriages
parcourir	to cover (a distance)
une fréquentation	taking, using (public transport)
voter	to vote, pass (a bill, project)
les élus locaux	local representatives
de tous bords	from all sides
susciter des inquiétudes	to give rise to concern
un,e commerçant,e	shopkeeper, retailer
un secteur piétonnier	pedestrian precinct
sans compter	not counting, not to mention
un square	small public garden
un espace vert	park, open space
pour autant	for all that
une piste cyclable	cycle lane, way
emprunter une rue en sens interdit	to go the wrong way up a one way street

Présentation orale

En petits groupes, réalisez et présentez une étude détaillée des sept thèmes suivants. (10–15 minutes)

1 L'étendue du problème de la pollution à Strasbourg.
2 La réponse du public au nouveau système de transports urbains.
3 Les avantages du système de parkings-relais-tram.
4 La modernisation de la Compagnie de Transports strasbourgeois.
5 La popularité du tramway auprès des usagers des transports en commun.
6 Les inquiétudes des commerçants face à l'extension de la zone piétonnière.
7 Les mesures prises à Strasbourg pour encourager l'utilisation de la bicyclette.

Interview 1

A l'aide de cette étude, interviewez le maire de Strasbourg sur les résultats de son plan pour combattre la pollution dans sa ville. (8–10 minutes)

Interview 2

A partir des renseignements recueillis, interviewez un(e) Strasbourgeois(e) sur ses réactions aux mesures prises pour améliorer les déplacements dans le centre-ville. (8–10 minutes)

Reportage

En vous basant sur ces interviews, rédigez un article sur la transformation récente de la ville de Strasbourg pour un journal de publication en langue anglaise. (150–180 mots)

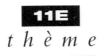

t h è m e

The return of the tram

Etude lexicale

A l'aide d'un dictionnaire, donnez en anglais l'équivalent des mots-clés suivants.

apporter une réponse à	manifestement
asphyxié,e	parallèlement
en construction	un périphérique
contribuer à	non polluant,e
se déclarer favorable à	rallier à une cause
désengorger	revenir à la mode
à l'étude	sans compter
être conscient,e de	soulager la ville
être encore loin de	le taux de toxicité
les gaz d'échappement	une vitesse moyenne

Reportage

En vous reportant à votre étude lexicale, traduisez le texte ci-dessous en français.

EASING TRAFFIC CONGESTION IN THE CITY CENTRE

Recent studies show that French people are increasingly aware of traffic problems. Whilst nearly 80% of households own a car, over 80% of those polled say that they are in favour of measures to restrict city traffic. In these conditions, the tram has come back into fashion, winning over local authorities and the travelling public alike in Nantes, Rouen, Strasbourg and Saint-Denis*, not to mention the many towns where it is being built. With a regular, cheap service and a perfectly respectable average speed of between 10 and 15 mph, the tram today offers an environmentally clean response to the problem of city centres choked and jammed by the car.

In Nantes, for example, the popularity of the tram is clearly linked to its positive impact on town planning and the environment. The first line across the town from east to west was followed by a second line running from the university in the north down to the southern outskirts. A third line is already under consideration. At the same time, the construction of a ringroad has enabled the town to ease transit traffic. While a miracle solution is still a long way off, initiatives like those taken in Nantes are already helping to reduce levels of toxicity from exhaust fumes and leading us towards a healthier, less polluted living environment.

*****Saint-Denis** a suburb on the northern outskirts of Paris

11F

e n q u ê t e

L'extension des aéroports en France

Travail collectif

En petits groupes, discutez les 10 thèmes suivants. (15–20 minutes)

---

1 Roissy, l'un des plus importants aéroports d'Europe.
2 Un vecteur de développement national et régional.
3 Le projet de construction d'une nouvelle piste d'envol.
4 Les nuisances aériennes pour la ville et les environs.
5 Le doublement prévu du trafic et du bruit.
6 La volonté de militer contre ce projet.
7 Une association rassemblant les habitants et les riverains.
8 La décision du ministre des Transports.
9 La nécessité d'un délai de réflexion supplémentaire.
10 L'option d'un nouvel aéroport au sud de Paris.

Sondage

En vous basant sur ces discussions, effectuez un sondage d'opinion auprès des membres du collectif des associations d'opposants à ces projets.

1 Pour préparer votre sondage, composez un questionnaire qui vous permettra de recueillir des réactions sur le vif. (10–12 questions)

2 A partir de ce questionnaire, interrogez une dizaine de personnes sur le thème proposé. (15–20 minutes)

3 Présentez vos conclusions en faisant une conférence avec support visuel. (8–10 minutes)

4 Ecrivez un reportage sur les résultats de ce sondage pour un magazine de publication en langue française. (200–250 mots)

D O S S I E R
12

12A

o p i n i o n s

La France de demain

Laurent, quels rôles les nouvelles technologies seront-elles appelées à jouer dans la France de demain?

Les nouvelles technologies connaissent aujourd'hui en France comme partout dans le monde un développement faramineux, et chaque jour on leur trouve une utilisation nouvelle. Surtout, le multi-média semble promis à un bel avenir. En introduisant un CD-ROM dans un ordinateur, on peut avoir toutes les données imaginables sur le sujet de son choix. En effet, les ordinateurs pourraient dès lors devenir des auxiliaires à l'éducation plus qu'efficaces.

Quant à Internet, son développpment rapide et sa polyvalence lui laissent présager un avenir plus que rose. Non seulement peut-on y trouver toutes sortes de renseignements sur toutes sortes de sujets, mais désormais on peut aussi communiquer par Internet, comme si l'on envoyait une lettre par la poste. De plus, certaines entreprises s'en servent pour commercialiser leurs marchandises.

Enfin, nous avons assisté ces dernières années à une poussée extraordinaire des téléphones por-tables, inabordables il y a seulement quelques années. Comme nous le constatons chaque jour, dans la rue ou dans le train, de plus en plus de gens s'en servent, et ils pourraient bien signifier à terme la mort du téléphone classique. Celui-ci aura d'ailleurs un autre concurrent, encore à ses premiers balbutiements, appelé le visiophone, un télé-phone muni d'un petit téléviseur sur lequel on peut voir son interlocuteur.

Isabelle, selon toi quelle image de la France devrait-on promouvoir à l'avenir?

Comme nous le dit Laurent, les nouvelles technologies se développent très vite en France, et il y a fort à parier que d'ici quelques années, elles feront partie de notre vie quotidienne. Pour ma part, j'aimerais pouvoir mettre l'accent sur les richesses culturelles françaises dans de nombreux domaines: littérature, musique, cinéma. La France a une place à tenir face à la culture anglo-saxonne, culture dominante de notre époque, symbolisée chez nous par EuroDisney. A nous de promouvoir Futuroscope, Océanopolis, La Villette . . .

Le patrimoine national français est vaste, mais souvent trop méconnu à l'étranger, et c'est dans ce domaine que nous devrions concentrer nos efforts, surtout lorsqu'il s'agit de la jeune génération. Cette situation est particulièrement inquiétante dans le domaine de la musique; les chanteurs et les groupes français sont totalement inconnus à l'étranger, alors qu'ils sont, selon moi, bien meilleurs.

En ce qui concerne le cinéma, même si certains acteurs et réalisateurs français se sont fait une réputation à l'étranger, il existe beaucoup d'autres personnalités talentueuses. Les touristes étrangers viennent toujours aussi nombreux, mais la culture française s'exporte peu. C'est dans ces domaines-là que j'oeuvrerais pour promouvoir l'image de la France.

Notes explicatives

Futuroscope   Futuristic Park near Poitiers, south-west of Paris

Océanopolis   Marine Park near Brest on the south coast of Brittany (see also 3D Reportage)

(le parc de) La Villette   Centre for Exhibitions and Communications situated to the north-east of Paris

Opinions partagées

En petits groupes, discutez vos opinions sur les thèmes suivants. (10 minutes)

- le bel avenir du multimédia
- le développement rapide d'Internet
- la poussée des téléphones portables
- les richesses culturelles françaises
- le défi de la culture anglo-saxonne
- le patrimoine français à l'étranger

Présentation

En vous aidant de ces discussions, faites un exposé oral sur l'image de la France à l'étranger.
(5 minutes)

Lexique

appelé,e à	destined to (do sth)
connaître	to experience, enjoy
faramineux,-euse	staggering, incredible
une utilisation	use
être promis,e à un bel avenir	to have a fine future ahead
un ordinateur	computer
les données (fpl)	data
dès lors	consequently, therefore
un,e auxiliaire	assistant helper
plus qu'efficace	more than merely efficient, effective
la polyvalence	versatility
laisser présager	to suggest
rose	rosy (future)
des renseignements (mpl)	information
désormais	from now on
commercialiser des marchandises	to sell, market goods
assister à	to see, witness
ces dernières années	during the last few years
une poussée	increase, upsurge
inabordable	prohibitive, prohibitively priced
constater	to note, notice
à terme	eventually
classique	traditional, standard
un,e concurrent,e	competitor, rival
à ses premiers balbutiements	in its infancy
un visiophone	videophone
un téléviseur	television (set)
un,e interlocuteur,-trice	person one is talking to
promouvoir	to promote (an image)
il y a fort à parier que	the odds are that
d'ici quelques années	in a few years time
faire partie de	to be part of
la vie quotidienne	daily, everyday life
mettre l'accent sur	to put the emphasis on, stress
les richesses culturelles	cultural wealth, treasures
un domaine	field, area, sphere
anglo-saxon,-enne	English-language (culture)
à nous de	it's up to us to (do sth)
le patrimoine national	national heritage
méconnu,e	neglected, undervalued
inquiétant,e	disturbing, worrying
inconnu,e	unknown
alors que	while, whilst
un réalisateur	(film, radio, tv) director
se faire une réputation	to make a name for one self
il existe	there is, there are
talentueux,-euse	talented, gifted
oeuvrer pour	to work for, strive to

Etude sur la marque France

Vous allez entendre une interview de Françoise Bonnal, P-DG de Brand & Business Consulting et directrice générale adjointe de DDB Needham International.

Compréhension

Répondez en français aux questions suivantes.

1 Quel a été l'objectif principal de l'étude menée par Françoise Bonnal?

2 Qu'y a-t-il de nouveau dans cette étude?

3 En quoi consiste la «mécanique d'image» dont parle Françoise Bonnal?

4 La France contribue-t-elle à l'image stéréotypée que les étrangers se font d'elle?

5 Selon Françoise Bonnal, de quelle façon sera-t-il possible de changer cette image?

6 A quelle opposition entre la France et l'Allemagne fait-on référence?

7 Françoise Bonnal soutient-elle cette division entre ces deux images? Expliquez.

8 Quel serait le rôle du secrétariat d'Etat proposé par Françoise Bonnal?

9 Quelle est l'importance de Paris dans l'image de la France auprès des étrangers?

10 Selon Françoise Bonnal, comment faudrait-il accueillir les touristes? Pourquoi?

Lexique

valider	to stamp, recognise
promouvoir	to promote
une mécanique d'image qui fait que	an image which works in such a way that
une performance	performance, achievement
une réalisation	construction, achievement
occulter	to eclipse, conceal
préconçu,e	preconceived
réaliser	to carry out, accomplish
un appel aux actes	a call for action
la séduction	attraction, charm
fonctionner	to work, operate
entretenir	to maintain, foster (an image)
une fatalité	inevitability
aux dépens de	at the expense of
fiable	reliable
l'esthétique (m)	aesthetics, attractive qualities
une combinaison	combination
préconiser	to recommend
un secrétariat d'Etat	(political) ministry
être rattaché,e à	to report to
concrètement	in practical terms
une volonté	will (to do sth)
une vue d'ensemble	overall view
l'Etat (m)	state, government
une vitrine	show case
un pilier	pillar, mainstay
atterrir	to land
faire en sorte que	to make sure that
se faire avoir	to be had, be duped

Notes explicatives

le TGV: Train à grande vitesse France's high speed train

(le palais de) l'Elysée the Elysée Palace, official residence of the French President

la douce France literally 'sweet France', a well-known poetic expression

Étude sur la marque France

Une interview de Françoise Bonnal, P-DG de Brand & Business Consulting et directrice générale adjointe de DDB Needham International.

Votre étude ne valide-t-elle pas officiellement les caricatures traditionnelles sur la France et les Français?

Il est vrai que nous avons retrouvé des stéréotypes, mais nous avons fait beaucoup plus. Nous avons d'abord écouté ce qui se disait de la France dans de nombreux pays. Nous nous sommes intéressés à l'image de la société, des entreprises, à l'image économique, des secteurs et des gens. En outre, c'est la première fois que l'on donne une explication de l'image et que l'on présente les difficultés que nous rencontrons à promouvoir notre économie.

Comment notre image se présente-t-elle?

Nous avons une mécanique d'image qui fait que nos performances, nos réalisations, nos entreprises et nos marques sont occultées par nos voisins parce qu'ils ont une image préconçue de la France. Jusqu'à présent, personne n'avait réalisé un tel travail. Enfin, nous ne nous sommes pas contentés de faire une étude puisque nous avons présenté un appel aux actes.

La France n'est-elle pas prisonnière de sa très forte image dans le domaine de la séduction, de la mode, du luxe et de la gastronomie?

La mécanique fonctionne ainsi et nous avons tendance à l'entretenir. Il est vrai que nous ne parlons pas beaucoup de nos entreprises, de nos performances et de nos réalisations. Mais il n'y a aucune fatalité pour que les images ne fonctionnent qu'en négatif. Si nous arrivions à mieux présenter notre image économique, cela ne se ferait pas aux dépens de notre image «luxe». Nous voulons que circule une image entière et complète de la France.

Est-il possible de rendre compatible ces deux images opposées: ce qui est beau et design (la France) face à ce qui est fiable et robuste (l'Allemagne)?

Il n'y a pas nécessairement de contradiction entre la beauté et la technologie. Derrière cela, il y a l'esprit humain qui explore toutes les possibilités. Il peut les explorer dans l'esthétique, la sensualité, les théories scientifiques, les explications de ces théories scientifiques, et il peut même combiner beauté, sensualité et technologie. Par exemple, le TGV fait partie de ces combinaisons.

Vous préconisez la création d'un secrétariat d'Etat à la marque France. Comment l'imaginez-vous?

Vous savez combien la gestion des institutions peut être une affaire compliquée: il pourrait être rattaché au Premier ministre, dépendre d'un ministère ou de l'Elysée. Concrètement, il faut une volonté, une vision et des moyens. Il faut un lieu qui coordonne les stratégies et qui ait une vue d'ensemble. Il ne s'agit pas que l'Etat fasse tout, mais simplement qu'il y ait un pilote dans l'avion.

Enfin, votre étude insiste sur la nécessité d'améliorer l'accueil dans Paris ...

C'est très important, parce que Paris est la vitrine et l'un des piliers de cette douce France. C'est le premier lieu où les touristes et les investisseurs étrangers atterrissent. Il faut donc mieux accueillir les touristes, en faisant en sorte que les minutes passées dans un taxi soient des minutes de plaisir et que la personne n'ait pas le sentiment de «se faire avoir» dans un restaurant.

Propos recueillis par Yannick Urrien,
Le Quotidien de Paris, 2 mai 1996

Présentation

En fonction de vos réponses aux questions précédentes, faites un exposé oral sur les conclusions tirées par Françoise Bonnal des résultats de son étude. (4–5 minutes)

Interview

Relisez le texte, puis interviewez une de vos connaissances sur ses expériences lors de ses fréquentes visites en France. (5–10 minutes)

Reportage

A l'aide des renseignements recueillis, rédigez un article sur les mesures proposées pour améliorer l'image que la France présente d'elle-même pour un journal de publication en langue française. (120–150 mots)

12C

l e s   g e n s

Frédéric Vanpoulle: producteur de pommes bio

Ses copains de promotion sont ingénieurs dans de grandes laiteries ou chez IBM, d'autres sont chargés d'études près des chambres d'agriculture. Frédéric Vanpoulle, 36 ans, a choisi une autre voie après ses études à l'agro de Rennes. Depuis cinq ans, il cultive des vergers sur les coteaux de Guichen, entre Rennes et Redon. «Je produis des pommes bio que l'on trouve à la vente sur les marchés rennais et à Scarabée, la coopérative bio de Rennes.»

En ce début d'automne, Frédéric s'active dans ses vergers. Son père, professeur à la retraite, est venu de Bourgogne lui prêter la main pour cueillir les melrose, querina, reine des reinettes. «Quand j'ai choisi de m'installer ici, il y avait un verger à l'abandon et deux en état. J'ai planté un autre hectare et demi de nouveaux arbres. Au total, je dispose maintenant de 4 000 pommiers.» Pas encore assez pour en vivre. «Heureusement, mon épouse travaille ailleurs.»

Frédéric a le sourire facile. Sur le sol caillouteux de ses vergers, il cultive une forme de bonheur: celui des hommes qui ont choisi leur chemin. «Enfant, j'habitais un petit village près de Dijon. Mes copains étaient fils d'agriculteurs. Plus grand, j'ai été influencé par les livres de René Dumont, un agronome qui, dès les années 60, tirait la sonnette d'alarme.» Militant d'une autre agriculture, moins productiviste, plus naturelle. Frédéric n'a pas craint, à la fin de ses études, de s'engager dans l'animation syndicale, «jusqu'au jour où j'ai voulu passer de la parole aux actes».

Cinq ans après ce choix, il ne regrette pas. «Je suis libre, et, plus les années passent, plus je suis confiant.» L'évolution de nos modes de vie semble lui donner raison. La demande de produits biologiques (ceux qui résultent d'un mode de production agricole exempt de produits chimiques de synthèse) augmente. 20% de Français en achète plusieurs fois par semaine, 48% en consomment épisodiquement. Des salons comme ceux de Mûr-de-Bretagne ou de Guichen sont de plus en plus courus. «Le bio a un bel avenir», Frédéric en est convaincu.

Yvon Lechevestrier, *Ouest-France*, 19–20 octobre 1996

Yvon Lechevestrier, *Ouest-France*, 19–20 octobre 1996

Lexique

bio (adj inv)	organic (produce)
un copain de promotion	fellow (same year) student
une laiterie	dairy
être chargé,e de	to be in charge of
choisir une autre voie	to take a different path, follow a different direction
un verger	orchard
un coteau	hill, hillside
rennais,e	from, of Rennes
s'activer	to be very busy
à la retraite	retired
prêter la main à qn	to lend sb a hand
cueillir	to pick (fruit, etc)
s'installer	to set up, settle
en état	in a good state
disposer de	to have (at one's disposal)
un pommier	apple tree
ailleurs	elsewhere, somewhere else
un sol caillouteux	stony ground
un agriculteur	farmer
un agronome	agronomist
tirer la sonnette d'alarme	to sound the alarm
s'engager dans	to become involved in
l'animation syndicale	(trade) union organization
confiant,e	confident
une évolution	evolution, development
un mode de vie	way of life
donner raison à qn	to agree with sb
exempt,e de	free from
un produit de synthèse	synthetic product
épisodiquement	sporadically
un salon	(trade) show, exhibition
couru,e	popular (show, etc)
un avenir	future

Notes explicatives

une chambre d'agriculture farmers' association (within a department)

l'agro de Rennes: l'Ecole Nationale Supérieure d'Agronomie the agricultural college in Rennes, capital of Brittany, offering 3 to 4 year courses after the baccalaureate

Guichen, Redon towns to the south of Rennes

les melrose, querina, reine des reinettes varieties of apple

un hectare 10,000 square metres or 2.47 acres

Dijon city to the south-east of Paris, and capital of **La Bourgogne**

Mûr-de-Bretagne small town to the west of Rennes

Mangeons bio!

Portrait

En utilisant les données ci-dessous, faites oralement le portrait de Frédéric Vanpoulle en tant que producteur de pommes bio. (4–5 minutes)

> Un petit village près de Dijon – les livres de René Dumont – une autre agriculture – l'agro de Rennes – l'animation syndicale – passer aux actes – ses copains de promotion – les produits biologiques – ses vergers et les nouveaux arbres – ses pommes bio – le travail de sa femme – l'avenir du bio.

Interview

A partir de ce portrait, interviewez Frédéric Vanpoulle sur ses études, ses vergers et ses pommes ainsi que sur l'agriculture bio. (5–10 minutes)

Reportage

A l'aide de cette interview, rédigez un article sur les étapes successives de la carrière de Frédéric Vanpoulle et l'avenir de ce secteur pour un journal de publication en langue anglaise. (120–150 mots)

12D

r e p o r t a g e

Une vie en dehors du travail

Une vie bouleversée par la naissance, il y a deux ans, de jumelles. Et voilà Hugues Marie-Magdaleine transformé, à 29 ans, en pionnier du congé parental à temps partiel, version masculine. Chez Hewlett-Packard, où le temps partiel est de droit, le père d'Axelle et d'Alicia, technicien de maintenance, n'a eu aucune difficulté à faire aboutir sa requête. «Mon manager m'a d'autant mieux compris qu'il est père de quadruplés!» Tout le monde n'a pas la chance de travailler dans un environnement aussi favorable.

Chez Fleury-Michon, pourtant en pointe sur le terrain de l'aménagement du temps de travail, les congés parentaux ne concernent que 25 personnes, dont un seul homme! «Cela a fait jaser», reconnaît honnêtement Raymond Rousseau, directeur des ressources humaines. «Mais notre homme a tenu bon et obtenu satisfaction. Il voulait s'occuper de ses enfants, économiser des frais de garde et rêvait de se lancer dans une autre activité professionnelle. Son épouse avait un salaire supérieur au sien.» C'est ainsi que peu à peu, la réduction du temps de travail entre dans les moeurs sous des formes très variées: congé parental, temps partiel «scolaire», etc. Des formules séduisantes, quand on ne veut pas tout sacrifier.

Les hommes l'expérimentent timidement. «Pour la première fois, constate Chantal Baudron, conseil en recrutement, ils avouent penser aussi à leur vie non professionnelle.» Cette révolution des mentalités et des comportements ne peut que s'amplifier, car les femmes ne manifestent aucune velléité de rentrer dans leurs foyers. En dépit d'un chômage massif et de difficultés d'accès à l'emploi stable, elles ne se laissent pas décourager: entre 25 et 54 ans, huit femmes sur dix sont actives. Moins d'une sur deux l'était en 1968. Elles sont aussi plus nombreuses à accéder à des postes de responsabilités – 25% des cadres sont des femmes. Certains hommes suivent leurs compagnes aux perspectives de carrière ou aux salaires meilleurs que les leurs. Inimaginable, il a dix ans!

«Nous voyons apparaître de nouvelles demandes de réduction du temps de travail, confirme Brigitte Raymond, chargée de la politique sociale aux AGF. Elles émanent de jeunes, plus diplômés que la moyenne. Leurs motivations sont très variées (la famille, la littérature, le théâtre, le sport . . .) et ils ne veulent pas avoir à les justifier. Nous voulons nous appuyer sur cette minorité agissante afin de faire bouger notre organisation.» Signe des temps, les AGF et Hewlett-Packard ouvriront sous peu des négociations placées sous le signe des rythmes de travail. «Il y a des gens qui ont envie de faire autrement. Il faut éviter d'être trop normatif et mettre en place les conditions de liberté de choix», conclut Brigitte Raymond. Entreprise et salariés: tout le monde y gagne. Ce n'est pas si courant aujourd'hui.

Claire Guélaud, *Enjeux*, septembre 1996

La vie en dehors

Lexique

bouleversé,e par	disrupted, deeply affected by
un jumeau, une jumelle	twin
le congé parental	parental (child-rearing) leave
être de droit	to be (sb's) by right
faire aboutir une requête	to have one's request granted
d'autant mieux	all the better
un,e quadruplé,e	quadruplet
en pointe sur	up-to-date
l'aménagement du temps de travail	flexible working hours
faire jaser	to set people talking
tenir bon	to hold out
s'occuper de	to take care of, look after
économiser	to save (on)
les frais de garde	childminding fees
se lancer dans	to embark upon
supérieur,e à	higher, greater than
peu à peu	gradually, little by little
entrer dans les moeurs	to become part of everyday life
séduisant,e	attractive, appealing
un conseil	consultant
avouer	to confess, admit
une mentalité	mentality, attitude
un comportement	behaviour
s'amplifier	to grow, increase
manifester	to demonstrate, reveal
une velléité	vague desire
rentrer dans ses foyers	to go home
le chômage	unemployment
actif,-ive	working, at work
accéder à	to reach, obtain
une compagne	(female) companion, partner
la politique sociale	social policy
émaner de	to emanate, issue from
diplômé,e	qualified
la moyenne	average
s'appuyer sur	to rely on (person)
une minorité agissante	active, influential minority
faire bouger	to shake up (company, etc)
sous peu	before long
un rythme	pace, rate
faire autrement	to do otherwise, differently
normatif,-ive	prescriptive
courant,e	common, usual

Présentation orale

En petits groupes, réalisez et présentez une étude détaillée des sept thèmes suivants. (10–15 minutes)

1 Hugues Marie-Magdaleine comme pionnier du congé parental à temps partiel.
2 Les progrès accomplis dans ce domaine chez Fleury-Michon.
3 La motivation du seul homme chez Fleury-Michon à demander un congé parental.
4 Le changement des mentalités observé par Chantal Baudron.
5 L'attitude des femmes envers la réduction du temps de travail.
6 Les tendances notées par Brigitte Raymond aux AGF.
7 Les prochaines négociations aux AGF et à Hewlett-Packard.

Interview 1

A l'aide de cette étude, interviewez un directeur des ressources humaines sur la politique sociale de son entreprise concernant la réduction du temps de travail. (8–10 minutes)

Interview 2

A partir des renseignements recueillis, interviewez un(e) employé(e) dans une grande entreprise sur son départ en congé sabbatique. (8–10 minutes)

Reportage

En vous basant sur ces interviews, rédigez un article sur la tendance des jeunes employés à distinguer entre leur vie professionnelle et leur vie privée pour un journal de publication en langue anglaise. (150–180 mots)

A unique tourist attraction

Etude lexicale

A l'aide d'un dictionnaire, donnez en anglais l'équivalent des mots-clés suivants.

absolument	une maquette
un chiffre	une médiathèque
cinématographique	le monde entier
en direct	profiter de
un écran de 1 000 m²	une réalisation
s'enorgueillir	remporter un vif succès
époustouflant,e	s'y rendre
un large éventail	situé,e à
la flore et la faune	un sous-marin de chasse
un jeu interactif	tarder à

A noter: l'Argonaute, la Géode, le Palais de Versailles, le Planétarium

Reportage

En vous reportant à votre étude lexicale, traduisez le texte ci-dessous en français.

LA VILLETTE: A MUST FOR THE VISITOR

The Cité des Sciences et de l'Industrie is a centre for exhibitions and communications, documentation and research. Situated at La Villette to the north-east of Paris, it presents the great technological achievements of our time. 'With almost four million visitors every year,' Gérard Théry, the director of the centre proudly claims, 'we have become, after the Louvre and the Palace at Versailles, the most visited site in Paris.' In fact, the figures show that a quarter of French people have been there at least once to enjoy the wide range of activities. Nor have foreign visitors been slow to discover the tourist attractions offered at La Villette.

Opened in 1986, the Cité continues to be very successful with its temporary and permanent exhibitions, its multimedia library and audiovisual centre, its scale models and interactive games on science and technology: from earth to space, and from communication to health. 'The Géode offers you an unforgettable cinematic experience,' Gérard Théry explains. 'On a hemispherical screen, 1,000 square metres in size, you'll see breathtaking films about nature and the environment, and the flora and fauna of our planet. At the Argonaut, you'll visit a real hunter submarine whilst at the Planetarium you'll discover astrophysics with pictures coming from observatories all over the world.'

12F

enquête

Changements et priorités

Travail collectif

En petits groupes, discutez les 10 thèmes suivants.
(15–20 minutes)

1. Cuisine traditionnelle ou industrielle.
2. L'éclatement de la cellule familiale.
3. Sécurité sociale et sécurité routière.
4. La civilisation des loisirs.
5. La télévision ou la presse écrite.
6. La durée du travail.
7. L'émancipation de la femme.
8. La société de consommation.
9. Les nouvelles technologies.
10. La protection de l'environnement.

Portrait

En vous basant sur ces discussions, interviewez Robert Baumier, quadragénaire habitant une ville moyenne près de Paris, sur les changements dont il a été témoin ainsi que sur les priorités qu'il préconise pour l'avenir.

1. Pour préparer cette interview, composez un questionnaire sur le thème proposé. (10–12 questions)

2. Avant l'interview, vous présentez à un(e) collègue les idées que vous voulez aborder avec Robert Baumier, ainsi que l'orientation générale de l'entretien. (5–10 minutes)

3. A partir de cette préparation, interviewez Monsieur Baumier chez lui en enregistrant l'interview. (15–20 minutes)

4. Rédigez un article sur Robert Baumier sous la rubrique «Les Gens» pour un magazine de publication en langue française. (200–250 mots)

La Géode à la Cité des sciences